O INTERNETÊS NA ESCOLA

COMITÊ EDITORIAL DE LINGUAGEM
Anna Christina Bentes
Edwiges Maria Morato
Maria Cecilia P. Souza e Silva
Sandoval Nonato Gomes-Santos
Sebastião Carlos Leite Gonçalves

CONSELHO EDITORIAL DE LINGUAGEM
Adair Bonini (UFSC)
Arnaldo Cortina (UNESP – Araraquara)
Heliana Ribeiro de Mello (UFMG)
Heronides Melo Moura (UFSC)
Ingedore Grunfeld Villaça Koch (UNICAMP)
Luiz Carlos Travaglia (UFU)
Maria da Conceição A. de Paiva (UFRJ)
Maria das Graças Soares Rodrigues (UFRN)
Maria Eduarda Giering (UNISINOS)
Maria Helena Moura Neves (UPM/UNESP)
Mariângela Rios de Oliveira (UFF)
Marli Quadros Leite (USP)
Mônica Magalhães Cavalcante (UFC)
Regina Célia Fernandes Cruz (UFPA)

Fabiana Komesu
Luciani Tenani
O INTERNETÊS NA ESCOLA

1ª edição 2015

Capa e projeto gráfico: aeroestúdio
Preparação de original: Nair Kayo
Revisão: Beth Matar
Composição: aeroestúdio
Coordenação editorial: Danilo A. Q. Morales

Dados Internacionais de Catalogação na Publicação (CIP)
(Câmara Brasileira do Livro, SP, Brasil)

Komesu, Fabiana
    O internetês na escola / Fabiana Komesu, Luciani Tenani. – 1. ed. –
São Paulo : Cortez, 2015. – (Coleção Trabalhando com... na escola)

    Bibliografia.
    ISBN 978-85-249-2359-3

    1. Escrita 2. Educação – Recursos de rede de computador 3. Internet
(Rede de computadores) na educação. 4. Leitura 5. Letramento digital
6. Linguagem – Estudo e ensino 7. Linguagem e tecnologia 8. Sistemas
hipertexto I. Tenani, Luciani II. Título. III. Série.

15-04886   CDD-371.334

Índices para catálogo sistemático:
1. Internet na escola : Educação   371.334

Nenhuma parte desta obra pode ser reproduzida
ou duplicada sem autorização expressa das autoras e do editor.

© 2015 by Autoras

Direitos para esta edição
CORTEZ EDITORA
R. Monte Alegre, 1074 – Perdizes
05014-001 – São Paulo – SP
Tel.: (11) 3864-0111 Fax: (11) 3864-4290
E-mail: cortez@cortezeditora.com.br
www.cortezeditora.com.br

Impresso no Brasil – agosto de 2015

SUMÁRIO

Apresentação 7
Introdução 11

1. Internetês: o que é? 15
1.1 Internetês: fala ou escrita? **17**
1.2 Internetês não é adequado na escola? **23**

2. Escrita e internetês: o caso das abreviaturas 31
2.1 Abreviatura: o que é? **31**
2.2 Abreviatura digital: o que é? **37**

3. Abreviatura digital: características linguísticas 43
3.1 Abreviatura digital: possíveis tipos **44**
3.2 Abreviatura digital: principais características **53**

**4. Abreviatura digital: possibilidades da língua
e do discurso 61**
4.1 Abreviar e entrar no mundo digital **61**
4.2 Abreviar e se aproximar do leitor **66**

5. Para onde olhar: marcas linguísticas do internetês 69

5.1 Como estudar o internetês como possibilidades da língua? **69**

5.2 Como estudar abreviatura digital? **79**

6. Para onde olhar: marcas enunciativas do internetês 85

6.1 Publicidade **86**

6.2 Divulgação científica **90**

7. Propostas de trabalho com internetês na escola 95

7.1 Proposta para 6º ano **96**

7.2 Proposta para 7º ano **103**

7.3 Proposta para 8º ano **110**

7.4 Proposta para 9º ano **117**

Considerações finais 127

Referências 131

Coleção Trabalhando com... na escola 135

APRESENTAÇÃO

É com grande alegria que apresentamos mais um volume da coleção *Trabalhando com... na Escola*. É um volume muito especial porque trata de uma das práticas letradas da Língua Portuguesa mais usadas hoje em dia, o internetês.

Para tratar dessa prática letrada, as autoras, Fabiana Komesu e Luciani Tenani, professoras e pesquisadoras da UNESP de São José do Rio Preto, iniciam sua obra com uma discussão importante sobre como compreendem as relações entre oralidade e escrita no ensino de Português, tomando como base um texto extraído de um perfil de usuário numa rede social, que mobiliza o internetês como forma de se apresentar para outro usuário.

A partir da observação desse texto, as autoras mostram que o internetês é um registro escrito diferente da norma culta, que mobiliza, dentre outros recursos, a abreviação de palavras (por exemplo, "DXA" por "deixa"; "BJA" por "beijar"), o banimento de acentuação gráfica ("DIFICILLL" > "difícil"), a repetição, troca, acréscimo ou omissão de letras (por exemplo, "DIFICILLL" > "difícil"; "GOXTO" > "gosto" ("eu gosto"); "BOUMM" > "bom"; "BOK" > "boca"), a expressão de risadas ("HEHE"), e que pode ser definido como "forma grafolinguística que se difundiu em bate-papos virtuais e comunicadores instantâneos, de forma geral; também em *blogs*, *microblogs* e demais redes sociais".

Para as autoras, a importância de transformar o internetês em um objeto de estudo na escola é possibilitar aos alunos que desenvolvam um olhar mais apurado e menos preconceituoso sobre uma prática letrada típica de determinados tipos de interação, a saber, as interações mediadas por tecnologias de comunicação entre interlocutores que se consideram próximos entre si ou que se querem fazer próximos. Essa prática letrada, o internetês, é heterogênea porque formada por diferentes recursos linguísticos, discursivos e comunicativos, da mesma maneira como outras práticas letradas que estão na base de outras interações sociais. Ao trabalharem com o internetês na escola, as autoras pretendem aproximá-lo de outras práticas letradas, de forma a introduzirem, no interior da sala de aula de Língua Portuguesa, a reflexão sobre "as regularidades e diferenças que existem nos modos de enunciação da língua".

Sendo assim, a proposta das autoras de que o professor de Língua Portuguesa se lance, junto com os alunos, à tarefa de observar e compreender de forma sistemática uma prática letrada tão complexa e que fomenta polêmicas dentro da escola e fora dela, é um desafio para todos nós que estamos envolvidos na educação linguística dos sujeitos no Brasil.

Para dar conta dessa tarefa, as autoras decidem, ao longo dos capítulos 2, 3 e 4, jogar uma luz sobre o fenômeno das abreviaturas, uma das bases linguísticas do internetês, que "consiste no produto ou resultado do processo de abreviar". No capítulo 2, passam à análise das abreviaturas digitais (por exemplo, "bja" > "beijar") em comparação com abreviaturas convencionais (por exemplo, Exa. > Excelência), buscando discutir o fenômeno da abreviatura em português. Já no capítulo 3, são descritas características linguísticas predominantes da abreviatura digital. Nesse capítulo, as autoras observam que as abreviaturas digitais se caracterizam, de forma mais geral, pela "omissão do registro da vogal de núcleo da sílaba da palavra e o registro do grafema (que pode ser ou não o previsto pela ortografia) que representa a consoante que ocupa a posição de início da sílaba CV". Também o registro de parte da palavra (como em "cam" > "câmera"; "av." > "avenida"), as reduções ou truncamentos (como em "mina" > "menina"; "tou" > "estou"), a simplificação de grafias (como em "bixo" > "bicho"), são processos que estão na base das abreviaturas digitais. As autoras concluem que "a abreviação consiste em processo linguístico de reduzir/encurtar palavras, e esse processo não é exclusivo da escrita no internetês, embora haja abreviaturas que mais frequentemente ocorrem em textos que circulam em ambiente digital". Por fim, no capítulo 4, o enfoque dado às abreviaturas privilegia a produção de sentidos sociais dos usos de abreviaturas digitais em contextos de escrita na internet. Para tanto, as autoras analisam textos de alunos que discorrem sobre o tema do internetês. Os alunos em questão situam-se de forma bastante concreta nas práticas letradas do mundo digital e nos ensinam que temos que aprender essa escrita se quisermos nos comunicar nesse contexto. A discussão feita sobre os trechos de textos de alunos não apenas revela o que os alunos pensam e o que querem fazer pensar sobre o internetês, mas também mostra como esse tipo de discussão metalinguística pode ser muito estimulante e eficaz para aproximar práticas letradas em diferentes contextos, na escola e no mundo digital. Por fim, as análises também mostram que a reflexão produzida na sala de aula pode ser em alguma medida útil para que alunos e professores formem uma nova percepção sobre a escrita na internet.

Para além do esclarecimento sobre a natureza complexa da abreviatura e dos processos que estão em jogo em sua formação, os dois últimos capítulos do livro se dedicam a apresentar aos professores propostas de trabalho que envolvam o internetês.

No capítulo 5, as autoras buscam mostrar como o internetês pode se constituir em um "lugar privilegiado para observação de características linguísticas vinculadas a práticas letradas/escritas e orais/faladas", ou seja, em um lugar privilegiado para o estudo da complexidade da linguagem. Para tanto, elas apresentam sugestões de tópicos de estudo a partir de usos do internetês em anúncios publicitários e também em uma campanha publicitária. Fica muito claro ao longo do capítulo que as autoras fornecem ao professor, por meio de orientações bastante precisas, o caminho para o trabalho com atividades de reflexão sobre o funcionamento linguístico das abreviaturas, sejam as digitais ou as convencionais.

O capítulo 6, o último capítulo do livro, permitam-nos a metáfora, é a "cereja do bolo". O mais importante a ser observado é o fato de que as autoras construíram, ao longo desse último capítulo, um projeto de trabalho que atravessa as diferentes séries do Ensino Fundamental. Nele, propõem, de forma cuidadosa e extremamente objetiva, formas de sistematização do trabalho com o internetês. Para cada série, o professor encontrará sugestões pormenorizadas para atividades de leitura e escrita com determinados gêneros textuais e para atividades de análise linguística, que tomam como base o internetês e que levam os alunos a reflexões mais detalhadas sobre a língua portuguesa em suas diferentes modalidades. O professor, nesse capítulo, irá encontrar orientações que, com certeza, o deixarão mais seguro para tratar desse fenômeno polêmico, incorporando-o ao estudo das práticas linguísticas e às práticas de leitura e de produção de textos na aula de português.

O resultado do trabalho desenvolvido por Fabiana Komesu e Luciani Tenani ao longo dessa obra é vibrante, envolvente e, acima de tudo, engajado com uma proposta de ensino de língua materna que se desenvolve a um só tempo de maneira intra e interdisciplinar. Por isso tudo, nossa alegria, revelada no início desta apresentação, é genuína. Ela resulta do contato com um trabalho da mais alta qualidade e de profundo amor pela construção do conhecimento sobre as diferentes, e todas belas, faces da língua.

Anna Christina Bentes
Sandoval Nonato Gomes-Santos
Coordenadores da Coleção *Trabalhando com ... na escola*
Abril de 2015

INTRODUÇÃO

O contato, direto ou indireto, de crianças e adolescentes com práticas atualizadas de leitura e escrita, a exemplo de textos produzidos em dispositivos móveis – aparelhos celulares, *smartphones*, computadores portáteis com acesso à internet (*palmtops*, *notebooks*, *netbooks*, *tablets*) –, tem se constituído como ponto da formação de professores nos mais diversos níveis de ensino. De fato, compreender os fenômenos que envolvem linguagem e tecnologias é um grande desafio que não tem mais como ser deixado de lado na formação profissional do docente, considerando-se que não se trata de pensar *se* os alunos têm ou terão contato com tecnologias de informação e comunicação, mas *quando* esse contato terá início e *como* passarão a produzir textos verbo-visuais, sonoros, multimodais.

Nesse contexto de emergência de (novas) práticas de leitura e de escrita é que propomos, na *Coleção Trabalhando com... na escola*, a investigação do **internetês**. Defendemos que o estudo do internetês como prática letrada/escrita na internet é exemplar, não somente por seu caráter de ineditismo, com a investigação das transformações linguísticas do/no texto, mas também porque permite ao professor-pesquisador refletir sobre o que é *escrita, relação entre fala e escrita, língua e linguagem*, questões gerais que também se apresentam na investigação de outros tipos de produção textual, como a produzida em contexto escolar formal.

No capítulo 1 deste livro, procuramos, pois, defender a ideia de que o internetês é fenômeno privilegiado para o estudo em sala de aula, por se tratar de objeto por meio do qual conceitos-chave da linguagem, de interesse do professor-pesquisador, podem ser investigados. Os capítulos 2 a 4 são voltados ao estudo das abreviaturas, por serem consideradas por muitos uma das principais características do internetês, suposta "fonte" de "problemas" encontrados na produção textual escrita de adolescentes e jovens, dentro e fora da escola. No capítulo 2, são analisadas abreviaturas digitais em comparação com abreviaturas convencionais, com o objetivo de discutir em que consiste a abreviatura em português. No capítulo 3, são descritas características linguísticas predominantes da abreviatura digital, a partir da proposta de identificação de seu funcionamento. No capítulo 4, o enfoque dado às abreviaturas privilegia sentidos mobilizados nos usos de abreviaturas digitais. Os capítulos 5 e 6 são voltados à proposição de atividades sobre o internetês em sala de aula. No capítulo 5, são feitas propostas de atividades que tratem da materialidade linguística das abreviaturas digitais enquanto objeto de reflexão sobre os funcionamentos da língua portuguesa. No capítulo 6, apresentamos exemplos e propomos atividades a partir de diferentes gêneros do discurso, os quais levem professor e aluno à reflexão sobre o tema "internetês". Por fim, no capítulo 7, apresentamos propostas de produção textual escrita para cada um dos quatro últimos anos do Segundo Ciclo do Ensino Fundamental, com roteiros para atividades de leitura e escrita e para atividades de análise de usos do internetês. Ao final, procuramos sintetizar possíveis aspectos a serem trabalhados pelo professor no desenvolvimento da proposta.

Esclarecemos, por fim, que parte deste livro apresenta resultados de projetos desenvolvidos no âmbito da Universidade Estadual Paulista "Júlio de Mesquita Filho" (Unesp), câmpus de São José do Rio Preto, instituição pública do Estado de São Paulo à qual estamos filiadas. No período de 2005 a 2009, a professora Fabiana Komesu desenvolveu pesquisa intitulada *Oralidade e Letramento: o estudo da escrita no contexto da tecnologia digital*, em que procurava discutir a relação entre fala e escrita em gêneros do discurso produzidos em ambiente da internet. O trabalho recebeu apoio financeiro da Fundação de Amparo à Pesquisa do Estado de São Paulo. No período de 2008 a 2011, a professora Luciani Tenani, em parceria com a professora Sanderléia Roberta Longhin, também filiada à Unesp, coordenou projeto de extensão universitária em escola estadual de São José do Rio Preto (SP), com o objetivo de desenvolver oficinas pedagógicas de leitura, interpretação e produção de textos, de diferentes gêneros do discurso, para alunos das então 5ª a 8ª séries do Ensino Fundamental. Foi desse projeto de extensão que se obteve o conjunto de aproximadamente 600 textos sobre o tema "internetês" produzidos por alunos de Ensino Fundamental e utilizados como parte do material deste livro. Esse trabalho de coleta do material recebeu financiamento da Pró-Reitoria de Extensão Universitária (Proex) da Unesp. Para a organização e criação do banco de dados, que totaliza 5.468 textos coletados no período de quatro anos, a professora Luciani contou com o auxílio financeiro da Fapesp, mediante projetos de pesquisas intitulados *Aspectos segmentais e prosódicos da escrita de crianças e adolescentes: evidências de relações entre enunciados falados e escritos* e *Hipersegmentação de palavras escritas: evidências de relações entre enunciados falados e escritos*.

Agradecemos os financiamentos recebidos das agências de fomento e o apoio institucional da universidade, sem os quais a realização de parte deste trabalho não seria possível. Agradecemos também o apoio recebido dos colegas do Grupo de Pesquisa "Estudos sobre a Linguagem" (CNPq/Unesp), com os quais compartilhamos reflexões para a pesquisa e para o ensino da linguagem.

1. INTERNETÊS: O QUE É?

Neste capítulo, procuramos explicitar perguntas e apresentar hipóteses explicativas sobre o chamado "internetês", uma das práticas letradas em língua portuguesa, frequentemente associada a jovens usuários da internet. Numa primeira aproximação ao tema, internetês pode ser definido como forma grafolinguística que se difundiu em bate-papos virtuais e comunicadores instantâneos, de forma geral; também em *blogs*, *microblogs* e demais redes sociais. É reconhecido por registro escrito divergente do da norma culta.[1] Essa seria uma razão pela qual os adeptos do internetês são criticados por quem é avesso a essa prática letrada.

Esse quadro, quando apresentado ao não iniciado nessa atividade de escrita – caso, muitas vezes, do professor de língua portuguesa –, é quase sempre tomado como escrita "fonetizada" ou "interferência da fala na escrita", com consequente "desqualificação" do internetês. Procuramos defender, no entanto, que o internetês pode ser tomado pelo professor de língua portuguesa

---

1 A expressão "norma culta" deve ser entendida como norma linguística tal como adotada e praticada por grupos sociais mais diretamente relacionados à defesa de uma cultura escrita que envolve certo grau de monitoramento. Para uma discussão mais pormenorizada do assunto, indicamos a leitura da obra do professor Carlos Alberto Faraco (2008).

como objeto por meio do qual o aluno é conduzido a trabalhar questões vinculadas não a aspectos prescritivos de "forma", mas a aspectos da produção de sentidos, com destaque para as relações entre linguagem e vida social. Dois aspectos importantes sobre o internetês e o ensino de língua portuguesa são tratados neste capítulo, organizado em duas seções: na primeira, refletimos sobre o internetês de um ponto de vista da relação entre fala e escrita; na segunda, discutimos se o uso do internetês é ou não adequado na escola.

O material que utilizamos neste livro é formado de produções textuais escritas que integram um banco de dados, resultante de um projeto de extensão universitária, chamado de *Desenvolvimento de oficinas de leitura, interpretação e produção de texto no Ensino Fundamental*.[2] Essas produções foram escritas por alunos de Ensino Fundamental II, regularmente matriculados numa escola estadual em São José do Rio Preto, interior do Estado de São Paulo. Segundo o IBGE (Instituto Brasileiro de Geografia e Estatística), no ano de 2010, São José do Rio Preto contava com aproximadamente 410 mil habitantes, sendo a 12ª mais populosa do Estado. A escola onde os textos foram coletados fica na zona urbana do município e recebe alunos tanto de bairros próximos à escola, considerados de zona periférica da cidade, quanto de bairros distantes da escola, considerados de zona rural. Essas características, somadas a processos sociais de informação e comunicação na atualidade, permitem pensar que as práticas letradas que privilegiamos como objeto de estudo podem também ser encontradas ou produzidas em outros lugares do Brasil e do mundo.

---

2 De 2008 a 2011, universitários do curso de Licenciatura em Letras e do Programa de Pós-Graduação em Estudos Linguísticos, ambos da Unesp, câmpus de São José do Rio Preto, desenvolveram oficinas pedagógicas de leitura, interpretação e produção de textos de diferentes gêneros com alunos das então 5ª a 8ª séries do Ensino Fundamental em escola estadual naquela mesma cidade. O projeto foi coordenado pelas professoras Luciani Tenani e Sanderléia Roberta Longhin, no âmbito do grupo de pesquisa "Estudos sobre a Linguagem" (CNPq/Unesp) liderado pelo professor Lourenço Chacon.

1.1 Internetês: fala ou escrita?

A proposta de iniciar esta reflexão sobre internetês da perspectiva da relação entre fala e escrita é justificada por afirmações frequentes, vindas de diferentes grupos, incluídos professores de língua portuguesa e alunos, de que o internetês seria uma escrita "fonetizada", um fenômeno da linguagem explicável com base na ideia de "interferência da fala na escrita". Vamos procurar explicar tanto o conceito de "fala" quanto o de "escrita" envolvidos nessa percepção do que é internetês. Para o que nos interessa, pensar um fenômeno da linguagem do ponto de vista do conceito teórico está associado ao fato de que todo professor, não apenas o de língua portuguesa, é, de maneira particular, um *professor-pesquisador*, uma vez que toda prática em sala de aula está fundamentada em conceitos aplicados numa situação de ensino e de aprendizagem. Levando-se em conta um cenário de inúmeras exigências impostas tanto à escola quanto ao professor responsável pela formação de crianças, jovens e adultos, não há como separar teoria da prática da linguagem, o que justifica, portanto, nossa proposta.

Vejamos, pois, o seguinte texto extraído de um perfil de usuário numa rede social:[3]

TEXTO 1

1   *GENNTTIII..*
2   *BOUMM.*
3   *FALAH SOBRI EU!?!?*
4   *HMM..*
5   *EH MEIU DIFICILLL..*
6   *AIN AINN..*

---

3 Rede social digital é aquela em que um indivíduo, vinculado a um sistema constituído pela interligação de dois ou mais computadores e seus periféricos, liga-se a outro indivíduo, de outra rede, com objetivo de comunicação, de compartilhamento, de intercâmbio de dados afins, o que resulta na criação de novos grupos na e pela internet. A esse respeito, ver, por exemplo, os trabalhos da professora Raquel Recuero, disponíveis em: http://www.pontomidia.com.br/raquel/. Acesso em: março 2015.

7	*DXA EU PENSA..*
8	*BOUM..*
9	*GOXTO DE SAI..*
10	*IR IM BALADA..*
11	*BJA NA BOK..*
12	*FIKAR ENTRI AMIGUHS..*
13	*ODEIU IZTUDA..*
14	*HEHE*

O acréscimo de vogais (como em "BOUMM") ou de consoantes (como em "FALAH"), a repetição de consoantes e vogais (como em "GENNTTIII", respectivamente), por exemplo, associados a texto escrito em maiúsculas fazem com que os leitores sejam capazes de atribuir, por meio dessa ortografia, leitura que recupera características da realização oral dos enunciados representados escritos. Imagina-se que aquele que "fala" no texto seria, então, um(a) adolescente, que "gritaria", dado o aumento de volume de voz "sinalizado" pelo uso de letras maiúsculas. O emprego de onomatopeias ("HMM", "AIN AINN") seguidas por reticências imprime, é certo, "ar" de dúvida, de inocência pueril, logo desfeita, no entanto, por uma "lista de preferências" juvenil (gostar de sair, ir em "balada", beijar na boca, estar entre amigos), confirmada por "risadinha" ("HEHE"). Essas e outras marcas linguísticas, a exemplo das abreviaturas discutidas nos capítulos seguintes deste livro, é o que fazem alguns leitores acreditarem que a escrita do internetês sofreria "interferência" da fala, dadas as modificações na ortografia e o trabalho com outras marcas linguísticas.[4]

Entretanto, parece haver nessa afirmação sobre "interferência" da fala na escrita certa visão de como se dá a relação fala e es-

---

4 Em Komesu e Tenani (2010), onde procuramos discutir aspectos mais amplos dessa prática letrada, a exemplo de uso de *emoticons*, uso não convencional de pontuação, ausência de uso convencional de acentuação, grafia não convencional de palavras que supostamente pretendem reproduzir características de textos falados, numa escrita "fonetizada". Uma parte deste trabalho é apresentada, com outros objetivos, no capítulo 5. Nos capítulos 2, 3 e 4 vamos nos concentrar no estudo de um aspecto atribuído ao internetês, que é o da abreviatura.

crita que subjaz à conceituação teórica que merece ser discutida pelo professor e pelo aluno. Trata-se, de nosso ponto de vista, de uma noção de língua segundo duas maneiras de realização opostas: a da fala e a da escrita. Dessa perspectiva de uma separação em dois, de uma dicotomia, fala e escrita são, cada uma, *modalidades da língua*, isto é, formas distintas de expressão da língua. As pessoas que assumem, mesmo sem saber, essa visão sobre a língua tendem a idealizar características próprias para cada uma dessas modalidades, traços que seriam sempre os mesmos, independentemente dos propósitos e do modo como os seres humanos se relacionam em diferentes instâncias de comunicação, no decorrer de um tempo histórico. É como se, ao fazer referência à "escrita" ou à "fala", as pessoas já soubessem o que dizer sobre sua caracterização. Desse modo, a escrita é quase sempre vista como "planejada", "precisa", "normatizada", "completa", em oposição à fala, que seria, por sua vez, "não planejada", "imprecisa", "não normatizada", "fragmentária".[5] Com base nessa caracterização homogênea, as pessoas ficam, de fato, surpresas ao se deparar com o internetês. Perguntam-se se um texto como o apresentado pode ser considerado língua portuguesa e a resposta, prontamente, é "não!".

Acreditamos que é a partir de um critério de *homogeneidade* ou de *pureza* projetado como ideal da modalidade escrita que muitos profissionais, incluído o professor de língua portuguesa, fazem a crítica aos usos que emergem da internet – no caso do professor de língua portuguesa, trata-se dos usos atribuídos à internet, os

---

5 O professor Luiz Antonio Marcuschi (2004, p. 27-28) lembra que, embora dê bons resultados numa descrição empírica, essa proposta de caráter formal, que separa fala da escrita, é marcada pelo problema de tomar a fala como "lugar do erro e do caos gramatical" e a escrita como "lugar da norma e do bom uso da língua". Na avaliação do professor Marcuschi, a sugestão de dispor escrita e fala segundo categorias distintas ainda hoje é modelo difundido em manuais escolares. Trata-se, portanto, nas palavras de Marcuschi, de visão a ser criticada e rejeitada não apenas por pesquisadores linguistas, mas por todo professor-pesquisador interessado em investigar o fenômeno da relação entre fala e escrita nos usos efetivos. Crítica à perspectiva da dicotomia pode também ser retomada no trabalho do professor Manoel Luiz Gonçalves Corrêa (2004), apresentado adiante neste capítulo.

quais seriam levados ao contexto de sala de aula com "prejuízo" para aprendizagem da língua materna. A ideia de degradação da escrita e, por extensão, a da língua, pelo uso da tecnologia digital, advém do pressuposto de que haveria uma escrita *pura*, associada seja à norma culta, seja à gramática, seja à imagem de seu uso por autores literários consagrados; enfim, um tipo de escrita sem "interferências da fala", que deveria ser seguido por todos em quaisquer circunstâncias. Assim concebida, a escrita na/da internet é vista como "empobrecimento" da língua portuguesa, e aquele que escreve dessa maneira seria responsável por essa "destruição".

Estudiosos da linguagem têm promovido esforços para criticar essa perspectiva de uma dicotomia estrita, considerando-se que essa divisão entre fala e escrita não se mostrou produtiva para pensar fenômenos reais, concretos, resultantes das relações entre as pessoas na linguagem. Um desses estudiosos é o professor Luiz Antonio Marcuschi (2004) que propõe, no lugar da separação, um contínuo de gêneros textuais na fala e na escrita. De fato, na definição do professor Marcuschi, o contínuo dos gêneros coloca em destaque pontos de aproximação e de distanciamento entre os textos de cada modalidade (falada e escrita), no que se refere a estratégias de formulação que envolvem variações das estruturas textual e discursiva, da seleção lexical, do estilo, do grau de formalidade, dentre outras características. Haveria, pois, segundo essa proposta, menos diferenças entre uma carta pessoal informal (modalidade escrita) e uma narrativa oral espontânea (modalidade falada) do que entre a narrativa oral (modalidade falada) e uma conferência universitária (modalidade também falada), o que equivale a dizer que tanto escrita quanto fala variam e podem ser modificadas nos usos da linguagem.

A vantagem evidente é que na proposta do contínuo dos gêneros textuais são as formas que devem se adequar aos usos e não o contrário. A ênfase recai sobre práticas sociais de produção de texto e não mais sobre a relação entre o que seriam dois polos opostos da língua: fala x escrita. O professor Marcuschi procura mostrar como diferentes gêneros textuais se "misturam" e se sobrepõem de um polo a outro – *da fala para a escrita*, título, aliás, do livro em que consta esta reflexão – e de forma complexa. É certo que, no plano metodológico, a contribuição trazida pela proposta do contínuo é notória, ainda mais quando se tem em vista o estudo de gêneros textuais prototípicos, a exemplo do que se faz na escola, no ensino de gêneros privilegiados para a prática de escuta e leitura de textos, como os recomendados pelos Parâmetros Curriculares Nacionais de Língua Portuguesa (Brasil, 1998).

No entanto, estamos de acordo com o professor Manoel Luiz Gonçalves Corrêa (2004), para quem, embora exista o reconhecimento da relação entre fatos linguísticos (relação fala x escrita) e práticas sociais (oralidade x letramento), no plano teórico, a proposta do contínuo tipológico ainda preserva ideia da *subdivisão*, agora em vários estratos, uma vez que, idealmente, haveria algo que seria "a" fala e "a" escrita que poderiam ser encontradas, num suposto estado de "pureza", sem quaisquer relações de "interferência" uma sobre a outra, nos extremos do contínuo. Portanto, se a proposta do contínuo dos gêneros textuais tem grande mérito no plano metodológico, ainda é preciso discutir, no plano teórico, as concepções de fala e de escrita, pensando a formação do professor-pesquisador que trabalha com o processo de produção de textos.

Defendemos com o professor Corrêa que a atividade de escrita seja tomada não como modalidade da língua – o que teria como resultado visão (mais ou menos estrita) que opõe escrita à fala –, mas como *modo de enunciação*, isto é, modo de existir na linguagem e poder enunciar, dizer (ou não) coisas ao outro a partir de um lugar simbólico regulado por relações sociais e históricas mais amplas do que as da história empírica do indivíduo. Refletir sobre a linguagem, de forma geral, e sobre a prática letrada, de maneira específica, de um ponto de vista do modo de enunciação não quer dizer que a pessoa que diga ou escreva algo não vivencie sua história pessoal de vida, a seu modo; quer dizer, sim, que essa história pessoal é parte integrante de uma história coletiva, dividida, consciente ou inconscientemente, com outras pessoas que também fazem a história social da linguagem.

O internetês seria, assim, uma das práticas possíveis da linguagem, partilhada entre adeptos do computador com acesso à internet. Em comum, essas pessoas têm o propósito de se aproximar (física, afetiva, simbolicamente) umas das outras num espaço "virtual" por meio do trabalho na linguagem. Marcas como as abreviaturas, por exemplo, reconhecidas como uma das características do internetês, seriam "pistas" desse trabalho numa tentativa de se comunicar com o outro no espaço e no tempo. Do ponto de vista dos estudos da linguagem, destacamos com o professor Corrêa que o resultado desse trabalho não é "homogêneo" ou "puro", isto é, não é exclusivamente "falado" ou exclusivamente "escrito", uma vez que recupera, tanto nas práticas orais quanto nas práticas letradas, índices das diversas atividades verbais humanas, numa *indissociabilidade radical* entre fala e escrita em práticas sociais. Em outras palavras, para o autor, não existe fato da língua (falado e/ou escrito) *fora* de uma prática social (oral e/ou letrada), razão pela qual o professor Corrêa cunhou as expressões *práticas orais/faladas e práticas letradas/escritas*, também assumidas neste livro na reflexão sobre o internetês.

Não se trata, portanto, de "interferência" da fala na escrita, concepção que tem como base oposição entre uma modalidade e outra, mas de *modo heterogêneo de constituição da escrita* fundado nas possibilidades que a própria estrutura oferece aos usos que as pessoas fazem do sistema linguístico, no jogo da interlocução social. É esse caráter de *heterogeneidade da escrita*, na formulação do professor Corrêa, que assumimos no estudo do internetês, em especial, na investigação das abreviaturas, como procuramos mostrar adiante.[6]

---

6 Vamos explorar os conceitos de abreviatura e abreviatura digital nos capítulos de 2 a 4; no capítulo 5 apresentamos, de maneira específica, propostas de atividades que tratem da abreviatura no âmbito do ensino de língua portuguesa.

Os registros divergentes encontrados no internetês (mas não somente), a exemplo de abreviação; banimento de acentuação gráfica; ausência ou excesso de sinais de pontuação; repetição, troca, acréscimo ou omissão de letras; "risadinhas" passam a ser associados a possibilidades de registro gráfico-visual de certos **padrões rítmico-entoacionais** que são assim registrados na heterogeneidade da escrita na interação daquele que escreve para e com os outros. Assumir a ideia da heterogeneidade da escrita permite, pois, ao professor-pesquisador justificar a presença de fatos linguísticos da enunciação falada na enunciação escrita, na observação da complexidade da linguagem.

> **Padrão rítmico-entoacional**
> Nos estudos sobre fonologia do português, há consenso de que existam regularidades (certos padrões) quanto à organização de acentos e tons nos enunciados, de modo que se pode falar em uma gramática dos sons. A organização dos acentos gera padrões rítmicos e a dos tons gera padrões entoacionais que, juntos, caracterizam a língua portuguesa.
> Por exemplo: para a sentença "José comprou maçã" ser afirmativa, deve ter contorno entoacional descendente e a sílaba tônica de "maçã" ser a mais proeminente em relação às outras duas sílabas tônicas das palavras da sentença.

1.2 Internetês não é adequado na escola?

Nesta seção, discutimos a ideia de *adequação* ou de *ajustamento*, *conformidade*, *correspondência* entre a prática daquele que escreve internetês e práticas letradas/escritas escolares tradicionais.

Mesmo dentre professores de língua portuguesa e estudantes que se manifestam favoravelmente a práticas letradas/escritas do internetês, parece forte a percepção de uma obrigação com a situação de produção que faz com que aquele que escreve atue de determinada forma, como observado no Texto 2, escrito por estudante da então 7ª série:

Texto 2

Fonte: Banco de dados de escrita do Ensino Fundamental II, texto: Z08_7C_36F_04.[7]

Apresentamos a seguir transcrição do texto original:

Eu não tenho nada contra aquelas pessoas que escrevem tudo na lingua "internetês" pois acho isso normal entre os jovens. Mas eu tbm acho que afeta demais no Português, pois quando as crianças vão à escola, elas encontram uma grande dificuldade para escrever culto. Acho que cada língua tem sua hora de ser usada, local, e pessoas para se comunicar!

A "normalidade" das práticas letradas/escritas do internetês se restringe, como visto, à situação de produção exterior à escola, por escreventes de certa faixa etária. Essas práticas entre jovens não deixariam, no entanto, de "afetar" a língua, produzindo dificuldades de aprendizado de uma "escrita certa". O argumento do estudante é incisivo: "cada língua" teria seu momento, local e tipo de interlocutor que deveriam ser considerados no processo de comunicação. Escrever internetês seria aceitável, desde que não seja no ambiente escolar.

7 A codificação dos textos se refere a: escola, ano, série, turma, sujeito, sexo, proposta. Por exemplo, Z08_7C_36F_04 diz respeito a inicial do nome da escola onde a coleta de material foi feita, ano 2008, sétima C, aluno 36, sexo feminino, proposta 04.

O professor Valdir Heitor Barzotto, em artigo intitulado "Nem respeitar, nem valorizar, nem adequar as variedades linguísticas" (2004), procura, numa crítica a linguistas e pedagogos que propõem o tratamento das variedades da língua praticadas por estudantes nos Ensinos Fundamental e Médio, recusar vertentes caracterizadas pelos verbos que compõem o título do artigo. O verbo "adequar", o que nos interessa nesta reflexão sobre a adequação de prática letrada/escrita do internetês à prática letrada/escrita no contexto escolar, é, na avaliação do autor, "questionável" por propor, a exemplo dos demais verbos por ele analisados, "um cerceamento sobre o uso de variedades que não gozem de prestígio na sociedade" (BARZOTTO, 2004, p. 95). Dito em outras palavras, para o professor Barzotto, o trabalho pedagógico em língua portuguesa, feito com base na ideia de adequação, parte, em geral, da variedade de menor prestígio rumo à de prestígio maior e, assim, "aquele que é julgado inadequado" é "convocado a adequar-se", o que produz resultados discriminatórios, preconceituosos, considerando-se que as consequências são, quase sempre, mais rígidas para quem pratica a variedade de prestígio menor.

A proposta do professor Barzotto é a de que o professor de língua portuguesa passe a "incorporar", no trabalho em sala de aula, variedades praticadas pelos alunos, explorando "sua produtividade na comunicação diária, na consideração das identidades dos grupos sociais e na produção artística, tais como em letras de músicas, dramaturgia e outras manifestações literárias" (BARZOTTO, 2004, p. 95-96). Na avaliação de Barzotto, o professor deve ter rigor para trabalhar com qualquer variedade linguística, o que exige desse profissional bom conhecimento de língua portuguesa e de pressupostos linguísticos. A recomendação é que o professor de língua portuguesa não "confunda" um conjunto de variedades com a de maior prestígio, o que equivale a dizer que a variedade culta padrão não é a única maneira de se expressar em língua portuguesa.

É também nossa proposta aproximar-se de outras práticas, distintas das que são mais frequentemente reconhecidas em práticas letradas/escritas escolares tradicionais. Defendemos, assim, que o internetês não fique apenas na internet, mas que seja objeto de estudo que permita ao professor e ao aluno refletir sobre práticas orais/faladas e letradas/escritas diversas, particularmente, aquelas relacionadas ao chamado mundo digital. Se o aluno tem contato direto ou indireto, dentro ou fora da instituição escolar, com essas práticas diversas, por que não pensar sua produtividade de forma mais sistematizada, orientada pelo professor e pela escola? Aluno, professor, instituição, sociedade, de forma geral, só têm a ganhar em termos de conhecimento de língua e de relação com o outro, por meio do estudo analítico de diferentes textos, incluídos aqueles que são de interesse do próprio aluno. Não se trata de avaliação apreciativa (ou depreciativa) do que seria "melhor" (ou "pior") como produção textual escrita, desconsiderando as práticas sociais de linguagem. Trata-se de o professor pensar com o aluno regularidades e diferenças que existem nos modos de enunciação da língua, as quais compõem práticas sociais variadas. É o que vamos procurar mostrar e explorar nos capítulos seguintes, por meio também da apresentação de propostas de atividades a serem desenvolvidas em sala de aula.

O professor de língua portuguesa poderia dizer que o trabalho com gêneros textuais diversos, os quais refletiriam tanto a heterogeneidade de textos em circulação numa sociedade quanto as variedades linguísticas nela constituídas, é feito, pelo menos, desde a segunda metade da década de 1990, sob orientação dos Parâmetros Curriculares Nacionais para o Ensino de Língua Portuguesa (doravante, PCN-LP) e outros documentos de referência. De fato, o domínio da língua é concebido, nesses documentos, em "estreita relação com a possibilidade de plena participação social, pois é por meio dela que o homem se comunica, tem acesso à informação, expressa e defende pontos de vista, partilha ou constrói visões de mundo, produz conhecimento" (PCN-LP, 1997, p. 23).

A orientação do documento oficial faz referência à fala ensinada na escola, mas, certamente, poderia ser estendida à escrita ensinada na escola. Como destacado nos PCN-LP, não se trata de pensar o que é "certo ou errado" em termos de escrita, já que essa oposição traria à baila, mais uma vez, mitos decorrentes de uma perspectiva dicotômica, a exemplo de que (i) existiria uma única forma "certa" de falar, a que se assemelharia à forma escrita culta formal; (ii) seria preciso, pois, "consertar" a fala do aluno para evitar que ele escreva errado (p. 31); (iii) existiria uma única forma "certa" de escrever, a que se assemelharia à forma escrita culta formal, "pura", sem "interferências da fala".[8] A orientação é "saber adequar(-se)" a diferentes situações comunicativas, articulando, com competência, "o que falar/escrever", como fazê-lo, "considerando a quem e por que se diz determinada coisa".

Ocorre, no entanto, que essa orientação de adequação do registro da língua a diferentes situações comunicativas traz implícita, de *maneira forte*, a ideia de um critério suficiente para justificar a variação da/na língua falada ou escrita. É como se no ambiente escolar bastasse ao professor ensinar ao aluno a composição e os traços linguísticos (da forma) dos textos num determinado gênero; uma vez apreendidos, o aluno teria condições tanto de reconhecer a variedade linguística quanto aplicá-la num determinado contexto, obtendo, assim, sucesso na comunicação. Como lembra o professor Manoel Luiz Gonçalves Corrêa (2007a), essa ideia de adequação é consequência de recomendações tradicionais sobre *adequação da linguagem à situação de produção*, preconizada por autores de manuais, gramáticos, certos linguistas, e difundida em *sites* da internet e programas de televisão que mostrariam, assim, preocupação "em resolver problemas de produção textual dos estudantes, sendo, ainda, uma sugestão muito comum entre professores para seus alunos" (CORRÊA, 2007a, p. 278).

Uma das consequências mais relevantes da assunção da adequação é que o caráter de interlocução dos gêneros discursivos

---

8 A propósito de uma reflexão crítica sobre o que é escrita, convidamos o leitor a retomar o que foi discutido na seção 1.1, "Internetês: fala ou escrita?".

é deixado de lado ou é apresentado, *de maneira fraca*, na ênfase dada ao produto final que se pretende alcançar por meio do procedimento de adequação. Haveria, assim, "prática do decalque de modelos de textos" em "atividades dirigidas ao adestramento do aluno em uma série de gêneros textuais" (CORRÊA, 2007a, p. 280-281), bem distante, portanto, de objetivo político mais amplo, o de fazer o aluno "posicionar-se de maneira crítica, responsável e construtiva nas diferentes situações sociais, utilizando o diálogo como forma de mediar conflitos e de tomar decisões coletivas" (PCN-LP, 1998, p. 7). Perde-se, assim, no horizonte de visão, o fato de que o texto falado ou escrito é produzido sócio-historicamente em função de um interlocutor, de um propósito comunicativo partilhado culturalmente. Como observa o professor Corrêa (2007a), a questão da *produção do sentido*, central na linguagem, torna-se marginal e "não é sequer lembrada como uma questão nas atividades de ensino-aprendizagem da língua" (CORRÊA, 2007a, p. 280). É como se, ao se adequar a uma situação de produção falada ou escrita, a pessoa pudesse empregar, de forma inequivocamente eficaz, a linguagem numa situação não problemática, em que os sentidos já estivessem previstos, "prontos", dadas as formas assumidas na comunicação.

A proposta do professor Corrêa (2007a) é que, no lugar de uma ideia mais tradicional de adequação – a de adequação (das formas linguísticas) à situação de produção –, passemos a refletir sobre a adequação em sua "própria construção", em "seu fazer na novidade das situações e de seus atores, tão nova, portanto, quanto qualquer produção de sentido". Desse modo, a recomendação da adequação da pessoa que fala e/ou escreve não mais se dirigiria "a um ponto já previsto, estático, situado no final do processo de ensino-aprendizagem e alheio ao processo de produção de sentido", mas "a uma visão crítica no que se refere à fixação de rotinas de produção do sentido para o texto" (CORRÊA, 2007a, p. 281). Afirmamos, mais uma vez, que aluno, professor, instituição escolar têm a ganhar com essa visão, que pode "resultar num saber sobre a dinamicidade da produção do sentido", no reconhecimento do caráter de interlocução que constitui tanto pessoas quanto gêneros discursivos orais/falados e letrados/escritos, produzidos em âmbito sócio-histórico amplo, não restrito, portanto, à eficácia da comunicação individual. Essa seria, na proposta do professor Corrêa (2007a), a *novidade da adequação* no ensino-aprendizagem de escrita em contexto escolar, novidade que retoma um "já experimentado" no plano das relações sócio-históricas.

Defendemos, portanto, que internetês é, sim, adequado à escola, entendendo essa *novidade da adequação* na formação acadêmica do estudante em contato direto ou indireto, cada vez mais frequente, com práticas que envolvem dispositivos móveis mais e mais sofisticados, os quais exigem práticas letradas/escritas. Nossa sugestão no trabalho do tema "internetês" em gêneros discursivos letrados/escritos distintos é proporcionar ao aluno reflexão sobre o processo de constituição dos textos, percebidos como heterogêneos, os quais, no processo de produção de sentido, retomam a própria dinâmica característica da relação das pessoas com a linguagem (CORRÊA, 2007b, p. 209). O esquecimento dessa heterogeneidade, diz o professor Corrêa, é o que faz ressaltar o caráter de repetição da adequação e a estabilidade (relativa) dos gêneros dos discursos. Ao contrário, o reconhecimento da heterogeneidade permite investigar, de modo mais atento e crítico, o dinamismo da linguagem, "isso se ela não for vista, redutoramente, como inadequação ou erro" (CORRÊA, 2007b, p. 209).

2. ESCRITA E INTERNETÊS: O CASO DAS ABREVIATURAS

Neste capítulo, tratamos de abreviaturas por serem tomadas, frequentemente, como uma das características do internetês[9] e também por serem tidas, por pais, professores e sociedade em geral, como causa de "problemas" de escrita que são encontrados em textos de crianças e adolescentes.

Distanciamo-nos dessa visão que concebe as abreviaturas como "problema" e propomos que o professor-pesquisador se valha do estudo desse fenômeno para motivar o aluno a trabalhar (sobre) a linguagem em ambiente escolar. A proposta de trabalho sobre abreviaturas e internetês, apresentada neste capítulo, é organizada em duas seções: (i) a primeira é motivada pela pergunta "o que é abreviatura?"; (ii) a segunda, pela pergunta "o que é abreviação digital?".

2.1 Abreviatura: o que é?

Para começar, vale a pena deixar clara uma distinção importante entre *abreviatura* e *abreviação*. *Abreviatura* consiste no

---

9 O internetês tem outros aspectos importantes e interessantes a serem estudados, como a pontuação, na produção de coesão. Sobre o estudo da pontuação, prosódia e internetês, indicamos a leitura da obra da professora Viviane Vomeiro Luiz Sobrinho (2012).

produto ou resultado do processo de abreviar, e, portanto, *abreviação* é o nome dado ao processo de abreviar (cf. DUBOIS et al., 1978, p. 13). Desse modo, "Exa." é a abreviatura de "Excelência"; "ed." é abreviatura de "edição". Para indicar que se trata de abreviatura, um ponto deve ser grafado no limite direito da forma abreviada da palavra. Esses são exemplos de abreviaturas encontradas em textos escritos formais e muito raramente são tratados nos estudos sobre formação de palavra em português[10] por serem vistos tão somente como *recurso da escrita para economizar espaço*.

Constata-se, já num primeiro olhar, que abreviar faz parte de práticas letradas/escritas em que é possível se valer de recurso gráfico para reduzir o espaço ocupado pelas palavras. Por exemplo, é bastante comum abreviar títulos acadêmicos e formas que expressam polidez em memorandos, documentos institucionais, como "Ilmo. Sr. Prof. Dr. José da Silva". Nesse caso, abreviar não é erro gramatical! Ao contrário, chamará a atenção se grafado "Ilustríssimo Senhor Professor Doutor José da Silva", uma vez que a execução da atividade pública ou particular, especialmente na área administrativa, demanda eficácia e agilidade não previstas se, por exemplo, a extensão do texto for demasiado longa, caso do texto sem abreviatura.

Nas gramáticas tradicionais e manuais de morfologia do português, abreviação é identificada como processo de formação de palavras que se distingue da derivação regressiva[11] (KEHDI, 1992; BASÍLIO, 1995), sendo considerado imprevisível (BASÍLIO, 1995) por não estar sujeito a regras de formação de palavras; figura, portanto, como processo *marginal* (ALVES, 1990), por ser menos produtivo

---

10 Neste livro, vamos privilegiar considerações sobre a língua portuguesa falada no Brasil, não trazendo no horizonte reflexões que possam envolver a distinção entre português europeu e português brasileiro, por exemplo.

11 A derivação regressiva pode ser vista como processo em que "uma nova palavra é formada pela supressão de um elemento, ao invés de por acréscimo", como "lutar" > "luta" (BASÍLIO, 1995, p.37).

em relação a outros processos, como os processos derivacionais por prefixação ("re+organizar" > "reorganizar") ou por sufixação ("ordem+ar" > "ordenar"), ou o composicional por justaposição ("ponta+pé" > "pontapé"). São exemplos de abreviaturas "biju" (para "bijuteria"), "cerva" (para "cerveja") (cf. SÂNDALO, 2001), que são faladas em situações consideradas "coloquiais" (cf. SANDMANN, 1988; BASÍLIO, 1995).

Ao tomar "Exa." e "biju" como exemplos de abreviaturas, nota-se que há características linguísticas distintas entre si – as quais são explicitadas adiante –, o que é uma pista para pensar processos linguísticos distintos. Além disso, observa-se que a ocorrência de um ou outro tipo de abreviação aparece, na literatura especializada, relacionada às modalidades falada e escrita.[12] Abreviaturas como "biju", "cerva" são faladas em situações tipicamente informais, enquanto abreviaturas como "Exa.", "Ilmo." são escritas em textos tipicamente formais. No internetês, abreviaturas como "Ilmo." não costumam aparecer, enquanto formas como "cerva" podem ser encontradas; em internetês, portanto, abreviaturas consideradas coloquiais, típicas da fala, são escritas. Desse modo, constata-se que a distinção entre o que se fala e o que se escreve não é suficiente para pensar o funcionamento do internetês. Parece ser mais produtivo para o professor-pesquisador considerar como a língua é usada em situações concretas de interação entre pessoas, segundo os modos de enunciação.[13]

Essas distinções de emprego de uma ou outra abreviatura dão pistas por onde seguir com uma reflexão sobre os usos das palavras, fugindo da prática escolar ainda predominante de prescrever apenas usos "certos"/"errados" ou "adequados"/"inadequados"

---

12 A propósito de uma reflexão crítica sobre as modalidades falada e escrita, convidamos o leitor a retomar o que foi discutido na seção 1.1, "Internetês: fala ou escrita?".
13 A definição do que é modo de enunciação, em oposição à ideia de modalidade da língua, pode ser retomada pelo leitor na seção 1.1, "Internetês: fala ou escrita?".

das palavras,[14] desconsiderando-se para quem se fala/se escreve num determinado contexto social e histórico. Apesar dessas diferenças de emprego, as formas exemplificadas são, muito frequentemente, nomeadas como abreviaturas, por terem em comum *redução* de parte da palavra matriz.

Abreviação ainda compreende, para o professor Antônio José Sandmann (1988, p. 145), dois tipos de processos, a saber: acrônimos (cujos exemplos do autor são: "PSD, Inamps")[15] e "palavras abreviadas, formadas pela omissão de parte inicial ou final de uma palavra complexa" (como em: "auto" > "automóvel"; "Tião" > "Bastião" > "Sebastião"). Esse autor classifica as abreviaturas em quatro tipos, tendo por critério "o tipo de formação e a pronúncia". Como pode ser constatado, a seguir, os três primeiros tipos listados compreendem um mesmo processo que é nomeado, também, por *siglagem* ou *derivação siglada* (ROCHA, 1999), e o último tipo listado é um processo distinto de formação de palavras, denominado *truncamento* (GONÇALVES, 2004) ou derivação truncada (ROCHA, 1999).

> Tipo "PT": essas palavras foram formadas pelas iniciais das palavras-base. As iniciais são soletradas [...];
> Tipo "Ibope": as palavras desse tipo são, como as do anterior, formadas das iniciais, com a diferença de que a pronúncia, porque assim o permite a sequência dos fonemas, é a de uma palavra normal [...];
> Tipo "FUNAI": as palavras desse tipo são [...] denominadas por "palavras silábicas", pois não são formadas pelos fonemas iniciais, mas por grupos de fonemas, em geral sílabas, das palavras-base [...];
> Tipo "Foto": nesse tipo é mantida a parte inicial da forma completa (SANDMANN, 1988, p. 146-147).[16]

---

14 A propósito de uma reflexão sobre adequação/inadequação em linguagem, convidamos o leitor a retomar o que foi discutido na seção 1.2, "Internetês não é adequado na escola?".
15 Esclarecemos que "PSD" é abreviatura para "Partido Social Democrata"; "Inamps", por sua vez, é abreviatura para "Instituto Nacional de Assistência Médica da Previdência Social".
16 Cabe esclarecer que "PT" é abreviatura para "Partido dos Trabalhadores"; "Ibope" é abreviatura de "Instituto Brasileiro de Opinião e Estatística"; "Funai" é abreviação da "Fundação Nacional do Índio"; "Foto" é abreviatura de "**foto**grafia".

Os processos de truncamento e siglagem, por sua vez, não se confundem com o processo de abreviação. Para o professor Luiz Carlos de Assis Rocha (1999, p. 180), por exemplo,

> É preciso não confundir o processo de formação de palavras chamado de derivação siglada com o recurso da linguagem escrita a que se dá o nome de *abreviatura*. O resultado desse recurso, a *abreviatura*, não se constitui numa nova palavra da língua, pois não tem existência na linguagem oral (grifos do autor).

Partilhamos da perspectiva defendida pelos professores Luiz Carlos Rocha (1999) e Carlos Alexandre Gonçalves (2004), segundo a qual abreviaturas não podem ser analisadas como exemplos de siglagem ou de truncamento, sendo esses processos distintos entre si. Desse modo, formas como "biju", "foto", "cerva", "mina" são exemplos do processo de *truncamento*. Esse processo, para o professor Gonçalves (2004, p. 13), "pode ser concebido como recurso morfológico de natureza expressiva, estando relacionado, portanto, à modalização apreciativa" daquele que enuncia. Desse modo, o uso de formas truncadas "mostraria" como o falante/escrevente se inscreve na linguagem, seja ao falar, seja ao escrever, considerando-se os sentidos que quer partilhar com o outro no processo de comunicação. Por exemplo, quando se escreve/fala "mina" no lugar de "menina", como procuramos discutir adiante,[17] há uma tentativa de aproximação entre interlocutores numa situação caracterizada como de menor "monitoramento" em relação à forma linguística. A prioridade é valorizar certo tipo de interlocução, nesse caso, marcada por informalidade. Quanto à *siglagem* (também denominada "acronímia", por Monteiro [1987]), consiste, ainda segundo o professor Gonçalves (2004, p. 14), em processo de "combinação das iniciais

---

17 Convidamos o leitor a observar o que é discutido na seção 3.1 "Abreviatura digital: possíveis tipos".

de um nome composto ou de uma expressão", como os exemplos "PT", "Funai" citados.

Vimos, até aqui, que não há consenso entre os estudiosos sobre o que seja abreviação em português brasileiro. Identificamos, porém, o consenso de que **abreviação não se confunde com derivação regressiva**. Ambos os processos teriam o traço comum de a palavra derivada ser uma forma com menos elementos em relação à palavra matriz. A título de exemplificação, listamos – no quadro a seguir – os processos que têm em comum o princípio da redução.

Quadro 1. Tipos de processos de redução de palavras

Processos	Definição	Exemplos
Derivação regressiva	Palavra formada pela supressão de um elemento da palavra da qual deriva.	*ataque (atacar), ensino (ensinar)*
Truncamento		*biju (bijuteria), cerva (cerveja)*
Siglagem	Sequência que resulta da combinação das letras iniciais de um nome composto ou de uma expressão.	*INSS (Instituto Nacional de Segurança Social), Unesp (Universidade Estadual Paulista)*
Hipocorístico	Forma que resulta do encurtamento de antropônimos, que pode ser simples ou composto.	*Malu (Maria Lúcia), Nando (Fernando)*
Abreviaturas escritas		*av. (avenida), apto. (apartamento)*

Entre as divergências, constatamos que a abreviação pode ser entendida, por alguns pesquisadores, como processo de formação de palavra que abrange truncamento e siglagem, enquanto, para outros, seriam dois processos de formação de palavras distintos da abreviação e, desse modo, as abreviaturas se configurariam tão somente como recurso da escrita, não sendo processo de formação de palavras.

Esse cenário sobre abreviação em língua portuguesa dá pistas da complexidade do tema; acreditamos que estudar essa e outras complexidades da língua é o que deveria ser feito em aulas de língua portuguesa. Professor-pesquisador e aluno teriam o desafio constante de investigar como a língua funciona e como é usada nos diferentes modos de enunciação, nas diversas relações estabelecidas com as pessoas na sociedade, no mundo.[18] É dessa perspectiva que propomos estudar, neste livro, a *abreviação digital*. Por meio das práticas letradas/escritas do internetês, professor e aluno têm campo fértil de trabalho a ser sistematizado, exercício fundamental na formação acadêmica em ambiente escolar.

Na próxima seção, tratamos da abreviação digital.

2.2 Abreviatura digital: o que é?

Tomando abreviaturas digitais como objeto de reflexão, devemos levar em conta a complexidade já observada do processo de abreviação da língua portuguesa, além das práticas de linguagem reconhecidas como típicas do ambiente digital. Propomos ao professor de língua portuguesa trabalhar com o internetês na escola com o olhar investigativo de um Sherlock Holmes[19] e, assim, proporcionar ao aluno descobertas de mundos sob as palavras, na investigação de formas, usos, sentidos, a exemplo do que Holmes proporcionava a Watson na investigação de casos de solução complexa. Descobrir os modos pelos quais a língua(gem) se realiza é, por certo, objeto complexo de investigação em sala de aula.

Dessa perspectiva, nossa proposta está em levar professor-pesquisador e aluno, no exercício de reflexão sobre a linguagem

---

18 No capítulo 6, procuramos mostrar ao professor como a noção de escrita concebida como modo de enunciação pode funcionar em práticas letradas/escritas na escola. Apresentamos propostas de atividades relacionadas ao tema "internetês".

19 Lembramos que Sherlock Holmes é personagem de vários contos e romances policiais escritos por Sir Arthur Conan Doyle. Detetive astuto, Holmes lança mão de raciocínio lógico baseado em indícios em busca de soluções de casos difíceis. No trabalho de investigação, conta com a colaboração de John Watson, personagem que em várias histórias figura como narrador do percurso da solução de casos policiais.

em sala de aula, a identificar características do processo que aqui denominamos *abreviação digital*. Essa proposta articula o estudo das características das abreviaturas que ocorrem em textos que circulam em ambientes distintos do digital, as abreviaturas convencionais, e o estudo das características das abreviaturas do internetês, as abreviaturas digitais, levando-se em conta condições para o emprego de uma ou outra abreviatura.

Começamos pelo estudo de abreviaturas encontradas em produções textuais escritas por alunos de Ensino Fundamental de escola pública paulista. O tema solicitado versava sobre o "internetês", como mostra o texto a seguir.[20] Por meio da explicitação de características das abreviaturas listadas, procuramos demonstrar em que consiste o processo do que denominamos **abreviação digital em português**.

Texto 3

Fonte: Banco de dados de escrita do Ensino Fundamental II, texto Zo8_7B_35M_04.

Apresentamos a seguir transcrição do texto original:

"Bate Papo" e outros. Para abreviar as palavras você precisa cortar as vogais e deichar as consoantes, mas nem todas são. Exemplo: Beleza – "BLZ", Você – "VC", mesmo – "msm", etc. Na minha opinião essa linguagem não é a mais correta, mais cada pessoa tem seu estilo sua personalidade. Então porque não defender? Se essa é uma

---

20 O Texto 3 foi produzido em sala de aula a partir de proposta de produção textual escrita cujo tema era "Internetês é ou não é Língua Portuguesa". No capítulo 6, o leitor encontra essa proposta, na íntegra, com comentários.

No Texto 3, produzido por aluno da então 7ª série, encontra-se uma definição do que seja abreviar no internetês, seguida de exemplos: "Para abreviar as palavras você precisa cortar as vogais e deichar as consoantes, mas nem todas são. Exemplo: Beleza – 'BLZ', você – 'VC', mesmo – 'msm', etc.". As grafias "blz", "vc", "msm" são exemplos do tipo mais frequente de abreviaturas encontradas em sala de bate-papo digital, conforme mostrado em artigo científico publicado por Carla Fusca, Fabiana Komesu e Luciani Tenani (2011, p. 221). Esse tipo compreende "as abreviaturas formadas essencialmente pela omissão de, ao menos, uma vogal que ocupa o núcleo de uma das sílabas que compõem o vocábulo abreviado". A abreviatura "vc" é descrita por essas autoras como exemplo do que frequentemente ocorre (segundo levantamento feito por Fusca, 2011) com palavras cujas sílabas[21] sejam do tipo consoante-vogal: há omissão de vogal (que ocupa o núcleo silábico) e registro de consoante (que ocupa o início de sílaba). Assim, palavras como "be.le.za" e "vo.cê", que têm sílabas (indicadas por meio de pontos) constituídas de consoante e vogal, são grafadas, respectivamente, como "blz" e "vc". Constata-se que houve redução do número de grafemas da palavra matriz em relação à forma abreviada: "beleza" tem seis grafemas, enquanto "blz", três; "você" tem quatro grafemas, enquanto "vc", dois. Quando se trata de expressões como "fim de semana", a abreviatura – que, nesse caso, é "fds" – se caracteriza, predominantemente, pelo registro das letras iniciais de cada palavra. Essa redução é de natureza espacial e temporal, pois se reduz o espaço gráfico ocupado pela palavra (seja esse espaço em suporte digital ou não) e o tempo gasto para seu registro (seja para digitar ou manuscrever a palavra).

Esse traço característico da abreviação como processo de redução da grafia da palavra matriz, com objetivo explícito de redu-

---

21 Na próxima seção explicamos a noção de sílaba e sua organização em português brasileiro.

zir espaço ocupado pela palavra e tempo usado para seu registro, não se restringe a abreviaturas que ocorrem em ambiente digital. Observemos que esse traço também está presente em abreviaturas de palavras e expressões cujos usos são amplamente aceitos em práticas letradas/escritas que se dão em instituições como universidades, repartições públicas, jornais e revistas de grande circulação etc.

Abreviaturas de palavras como "cf." ("confere"), "fl." ("folha"), e de expressões, como "a.C." ("antes de Cristo"), "p.p." ("próximo passado") também são formas de registro da palavra/expressão matriz que visam economia de espaço e tempo. No que diz respeito a aspectos formais, também se constata o registro da consoante e a omissão da vogal da palavra matriz, quando se trata de uma palavra, como em "cf." e "fl.", ou o registro apenas da letra inicial de cada palavra que forma uma expressão, como em "a.C." e "p.p.".

Ainda no que diz respeito a aspectos formais de abreviaturas, verificamos que o registro da consoante inicial das sílabas de uma palavra ou as letras iniciais das palavras de uma expressão não é traço suficiente que as caracterizam, pois, uma análise de abreviaturas convencionais de palavra como "apto." ("apartamento") ou de expressão como "Cia. Ltda." ("companhia limitada") revela que há outras regularidades a que estão sujeitas essas abreviaturas. De modo semelhante, no internetês, encontramos "gta", "qtos", abreviaturas que partilham de traço comum a "apto." e "ltda.", na medida em que em todas há registro da sílaba final da palavra abreviada, havendo, ainda, o registro de ao menos a consoante inicial de palavra [como em "gta" ("gata") e "cia." ("companhia")] ou da vogal e da consoante que lhe é adjacente, quando a palavra se inicia por vogal [como em "adc" ("adicionar") e "apto." ("apartamento")]. Nota-se que um traço gráfico distintivo entre as abreviaturas convencionais e as digitais está na presença do ponto do lado direito de abreviaturas convencionais e sua ausência em abreviaturas digitais, aspecto motivado, dentre outras razões, por *redução* de tempo de digitação em ambiente digital. Por meio desta breve comparação entre as abreviaturas convencionais e digitais, sinalizamos o quão fértil é o trabalho, que está para ser feito, sobre o processo de abreviação no português brasileiro, num contexto de comunicação como o das práticas letradas/escritas digitais.

3. ABREVIATURA DIGITAL: CARACTERÍSTICAS LINGUÍSTICAS

Neste capítulo, a proposta é tratar de características da abreviatura digital. Retomamos, do estudo publicado pelas professoras Fusca, Komesu e Tenani (2011), levantamento quantitativo de abreviaturas de palavras mais frequentes em salas de bate-papo virtual.[22] Com base nos objetivos daquele trabalho, foi feita uma classificação das abreviaturas que tinham como característica comum a redução do número de grafemas com que uma palavra convencional é grafada. A seguir, apresentamos, do quadro adaptado de Fusca, Komesu, Tenani (2011, p. 221), quatro tipos de abreviaturas digitais, exemplos com indicação da forma matriz[23] e as frequências de ocorrências de cada tipo exemplificado.

---

22 O estudo de Carla Fusca, Fabiana Komesu e LucianiTenani (2011) está disponível para acesso gratuito em: http://www.unisinos.br/revistas/index.php/calidoscopio/article/view/cld.2011.93.06.
23 Na coluna de exemplos, o símbolo ">" indica que a abreviatura teve origem de uma palavra matriz. Assim, deve-se ler que a abreviatura "kd" é originada da palavra "cadê".

Quadro 2. Tipologia de abreviaturas digitais

Tipos	Exemplos	Ocorrências	%
A	*kd > cadê; tc > teclar*	248	55,86
B	*add > adicionar; cam > camera*	142	31,98
C	*to > estou; mina > menina*	039	08,78
D	*bixo > bicho; ker > quer*	015	03,38

Por meio dessa classificação, constata-se que algumas regularidades encontradas no material analisado são mais produtivas do que outras. É o caso da regularidade identificada no Tipo A, responsável pela formação de 55,8% das abreviaturas analisadas, e a do Tipo B, com 31,98% das ocorrências. No que diz respeito aos aspectos linguísticos, essas duas abreviaturas têm características distintas entre si, como mostraremos a seguir, o que permite ao professor-pesquisador abordar temas importantes relacionados ao português brasileiro.

Nas seções a seguir trataremos de cada tipo de abreviatura.

3.1 Abreviatura digital: possíveis tipos

Um tipo de abreviatura digital bastante recorrente é aquele que classificamos como **Tipo A**. Esse tipo compreende abreviaturas formadas pela omissão de, ao menos, uma vogal que ocupa o núcleo de uma das sílabas que compõem a palavra abreviada, como "vc" ("você"). A esse tipo, já fizemos referência quando analisamos exemplos de abreviaturas no Texto 3. Detalhamos um pouco mais esse tipo de abreviatura, por estarem em jogo possibilidades de representação dos sons do português brasileiro por meio do alfabeto, observando-se restrições de seleção e combinação dos segmentos conforme organização da sílaba.

Estudos realizados sobre a sílaba em português brasileiro, como o feito pela professora Gisela Collischonn (2005), revelam que a sílaba é a unidade básica por meio da qual os sons são organizados e existem pelo menos duas fortes restrições:

a) em relação aos **elementos** que ocupam as diferentes posições da sílaba;

b) em relação às **posições** que podem ser vazias.

No que diz respeito à restrição (a), por exemplo, quando se fala, nem todos os segmentos podem ocupar o fim de sílaba no português brasileiro, apenas /**R**/, /**S**/, /**N**/, /**l**/ e as semivogais /**i**, **u**/ (como em: "mar", "mas", "bom", "mal", "pai", "pau").[24] As consonantes que ocorrem no fim da sílaba, em português, também podem ocupar o início da sílaba (por exemplo, /l/ pode estar no início de sílaba, como em "lua", e em fim de sílaba, como em "mal"), mas o contrário não ocorre (por exemplo, /p/ ocorre no início da sílaba em "pai", mas não pode ficar no fim da sílaba).[25] Esse tipo de restrição indicia que a relação entre essas posições não é linear, mas hierárquica.

No que diz respeito à restrição (b), por exemplo, o início e o fim de sílaba podem estar vazios, como ocorre em "ás" (que não tem consoante no início da sílaba) e "pá" (que não tem consoante em fim de sílaba), mas é fundamental que haja uma vogal, que ocupe a posição nuclear da sílaba, para se configurar uma sílaba em português, como "é".[26]

Levando-se em conta que a vogal é o elemento nuclear da sílaba, como explicar abreviaturas como "q" ("que"), "blz" ("beleza"), "kd" ("cadê") que justamente não têm as vogais grafadas? A res-

---

24 As grafias /R/, /S/ e /N/ representam possibilidades de pronúncia, em fim de sílaba, dos "erres" (como os "erres" caipira e carioca em "carta", "carga"), das fricativas (como as pronúncias paulista e carioca para "s, z" em "mas" e "paz"), das nasais (como as pronúncias das nasais em "campo", "canto", "canga").

25 Vale a pena notar que essa restrição quanto à qual consoante pode ocupar certas posições silábicas muda a depender da língua. Em inglês, diferentemente do português, /p/ pode ocupar o fim de sílaba, como em "cup", além do início da sílaba, como em "pet".

26 O início de sílaba pode ser preenchido por uma ou duas consoantes (respectivamente, "pá" e "tra", em "trazer"), e o fim de sílaba pode ser ocupado por até duas consoantes (como "pers", em "perspectiva") e/ou por vogais /i, u/ seguido ou não de "s" (como em "pau", "pai", "país").

posta está na observação de que o não registro da vogal não implica, necessariamente, que a vogal não possa ser recuperada por meio das letras das consoantes que foram escritas. Um fato que sustenta essa interpretação consiste em haver 73,8% (183/248) de abreviaturas do Tipo A em que se constata a atuação do *princípio acrofônico* do alfabeto.

Pelo **princípio acrofônico**, a cada letra é associado um som. Esse som varia a depender da língua. Por exemplo, as línguas inglesa e portuguesa usam o mesmo alfabeto latino, mas o som que cada letra representa pode mudar a depender da língua. Para ilustrar, tomemos as letras <a> e <b>. A letra <a> é nomeada [ei], em inglês, e [a], em português. Portanto, a letra é a mesma, mas o som que representa mudou porque mudou a língua em que foi escrita. A letra <b> é nomeada [bi], em inglês, e [be], em português. Nota-se que o som básico [b] representado pela letra <b> ocorre nas duas línguas exemplificadas, mudando apenas a vogal que é associada à consoante para a produção do som consonantal. Vale chamar a atenção para o fato de que nem todas as letras do alfabeto são nomeadas a partir desse princípio. Por exemplo, a letra <h> é nomeada "agá" em português e não representa nenhum som quando ocorre em início de palavras, como em "hoje" e, ainda, compõe três dígrafos (isto é, duas letras que representam um som da língua) em português, a saber: <ch> ("acha"), <nh> ("banho"), <lh> ("falha").

> **Princípio acrofônico**
> É o princípio do funcionamento do alfabeto, um sistema de escrita fonográfico formado por unidades escritas que representam unidades sonoras de uma dada língua. No alfabeto, para cada letra é associado um som básico de uma língua. Exemplos em português:
> Letra <a>, som [a]
> Letra <b>, som [b]

No internetês, esse princípio acrofônico, somado às regras ortográficas que estabelecem como as letras são empregadas para representar os sons do português, está na base do funcionamento das abreviaturas digitais. Vejamos: em português brasileiro, a letra <b>, nomeada [be], representa o fonema /b/ em "belo"; já a letra <q>, nomeada [ke], representa o fonema /k/, quando seguida de <u>, em "quero".[27] É por meio dos nomes das letras do alfabeto em português brasileiro que encontramos a chave para interpretar a abreviatura "q", a ser lida [ke], para representar "que", ou seja, não se escreve a vogal, mas essa é recuperável por meio do princípio acrofônico do alfabeto. Também em "kd" ("cadê") é o princípio acrofônico que guia a substituição de <c> por <k>, uma vez que o nome da letra <k> permite recuperar a cadeia fônica a ser representada [ka]. Nota-se, por meio de "kd", a prevalência do princípio acrofônico do alfabeto em detrimento da convenção ortográfica. Decorre dessas análises que a relação entre aquele que escreve e aquele que lê no ambiente digital é marcada por tentativa de aproximação e por certa colaboração: o leitor "lê" a vogal que não está escrita e/ou recupera a ortografia das palavras, mediante prática letrada/escrita com a qual tem contato direto ou indireto.

Embora seja recorrente a atuação do princípio acrofônico nas abreviaturas digitais, existem várias outras ocorrências em que a vogal ausente, na grafia, não é recuperável por meio do nome da consoante que foi grafada, como é o caso da primeira sílaba em "vc". Apenas o nome da letra <c> traz a vogal <e> omitida na abre-

---

27 *Fonema* é um conceito criado pelos estudiosos dos sons das línguas no início do século XX. Uma definição de fonema é a que a concebe como menor unidade distintiva de uma dada língua. Assim, em português brasileiro, /k/ e /g/ são fonemas porque a troca de /k/ por /g/ leva à distinção de palavras, como em "cata" e "gata". Os fonemas /k/ e /g/ são produzidos de modo bastante semelhante, exceto pelo fato de haver apenas em /g/ vibração nas cordas vocais. Os fonemas que não são produzidos com vibração nas cordas vogais são denominados de surdos ou desvozeados (como /p, t, k/) e os que têm esse traço, de sonoros ou vozeados (como /b, d, g/).

viatura, mas não é o caso da letra <v>, cujo nome [ve] não recupera a vogal <o> de "você". Também na abreviatura "td" ("tudo") não se verifica que o princípio acrofônico do alfabeto possa ser a "chave" de leitura, pois os nomes das letras <t> e <d>, respectivamente [te] e [de], não trazem as vogais omitidas da palavra "tudo". Identifica-se, porém, certa regularidade nesse processo de abreviação: palavras que têm sílabas constituídas de consoante e vogal, que formam o padrão CV, resultam, comumente, em abreviaturas formadas pelo primeiro grafema de cada sílaba, como havíamos observado na seção anterior.

Portanto, uma característica mais geral das abreviaturas digitais está na omissão do registro da vogal de núcleo da sílaba da palavra e o registro do grafema (que pode ser ou não o previsto pela ortografia) que representa a consoante que ocupa a posição de início da sílaba CV. O tipo de sílaba CV pode ser considerado, dessa forma, a condição mais favorecedora para a ocorrência de abreviaturas do Tipo A, que se caracterizam pela omissão de vogais e grafia de consoantes das sílabas de uma dada palavra.

Por meio da breve análise de abreviaturas do Tipo A, buscamos demonstrar que características da sílaba do português brasileiro permitem identificar regularidades linguísticas do processo de formação de abreviaturas digitais. Identificamos que a estrutura de sílaba (uma característica da fonologia da língua), o princípio acrofônico e as regras ortográficas (informações letradas) são, pois, mobilizados de modo a tornar possível a leitura das abreviaturas digitais.

Tem-se, aqui, demonstrado como abreviaturas podem ser tomadas não como erro gramatical, ausência de regra ou inadequação,[28] o que seria condenável de um ponto de vista prescritivo, mas como objeto de reflexão importante que leva a explicitar características do funcionamento da língua (quando conside-

---

28 A propósito de uma reflexão crítica sobre a ideia de adequação/inadequação, convidamos o leitor a retomar a seção 1.2, "Internetês não é adequado na escola?".

radas abreviaturas como um fato da língua) e da leitura (quando consideradas informações letradas/escritas mobilizadas por meio das abreviaturas) nas ações humanas, pontos de interesse, por certo, do professor na formação acadêmica do aluno. No capítulo 5, retomamos a discussão sobre abreviaturas na apresentação de propostas de atividade em sala de aula.

Outro tipo de abreviaturas relativamente frequente, como visto no início do capítulo, é o do **Tipo B**. Esse tipo abrange abreviaturas formadas por meio do registro de parte da palavra, empréstimos linguísticos, em particular, do inglês, por exemplo: "cam", do inglês "camera" ("câmera", em português brasileiro).[29] Essas abreviaturas advindas de palavras da língua inglesa têm características linguísticas semelhantes às do português brasileiro, na medida em que em "cam" há o registro dos três grafemas iniciais da palavra "câmera", tal como ocorre em "av." ("avenida"), abreviatura convencional em português brasileiro. Explorar essas semelhanças e identificar especificidades de cada língua pode ser um exercício interessante tanto para o professor de língua materna quanto para o de língua estrangeira.

Ainda esse tipo de abreviatura proporciona discussão sobre a natureza de empréstimos linguísticos. Por exemplo, em internetês (mas não somente, visto que também aparece em ambiente empresarial, acadêmico, dentre outros), prefere-se o emprego de "deletar" em vez de "apagar". Diante das considerações dos usos dessas duas formas, professor e aluno podem constatar que não se trata de substituição de um verbo por outro ou de que a do português brasileiro estaria perdendo "força" diante da do inglês. O uso de "deletar" apresenta a tendência de se circunscrever predominantemente ao internetês, para significar "apagar algo na tela

---

29 Vale observar que a palavra "câmera", tanto em português quanto em inglês, tem origem no grego "kamára", via latim "camera". Por essa razão, as palavras em português e em inglês são semelhantes entre si na grafia. A proposta de que a abreviatura não tenha sido motivada pela palavra "câmera" é justificada pelo fato de "cam" ter aparecido primeiramente em ambiente digital.

do computador", enquanto "apagar" não necessariamente abrange esse significado.

Além de considerações sobre aspectos linguísticos das abreviaturas em português brasileiro e inglês, os empréstimos linguísticos, de modo geral, dão evidências das relações de poder entre os povos, como é o caso da disseminação de tecnologias digitais que tem sido feita, há tempos, em inglês, em razão de ser esta a língua de nações em que tecnologias são reconhecidamente desenvolvidas, como nos Estados Unidos da América e na Inglaterra.

Retornando aos tipos de abreviaturas apresentadas, tratamos do **Tipo C**, que abrange abreviaturas que correspondem a formas reduzidas ou truncadas que são predominantemente relacionadas a práticas orais e letradas mais informais, pelas quais ele circula, por exemplo: "mina" ("menina"), "to" ("estou").

Esse tipo de abreviatura digital abrange casos de truncamento como "mina", processo morfológico apresentado no capítulo anterior. Destacamos que o truncamento é um processo, como propõe o professor Gonçalves (2004), de natureza expressiva, relacionado à modalização apreciativa que essas formas carregam. No exemplo, "mina" é forma truncada de "menina". São excluídos os segmentos "e" e "n" de "m(en)ina", resultando em "mina", forma paroxítona. Essa forma truncada segue as características prosódicas típicas do português brasileiro: a maioria das palavras é paroxítona. O uso de "menina" ou "mina" implica uma escolha: por meio de "mina", mobilizam-se sentidos relacionados a práticas orais/faladas informais, características, por exemplo, de adolescentes e jovens. Portanto, a redução que se observa, neste tipo de abreviatura, não é da mesma natureza daquela classificada pelo Tipo A. No Tipo A, a redução envolve a estrutura silábica, enquanto no Tipo B, truncamento de nomes e formas verbais reduzidas, como veremos mais à frente.

Com base nessas considerações, sugerimos ao professor que um bom exercício de reflexão sobre o internetês pode ser o de buscar explicitar, em atividades coletivas em sala de aula, como esses usos, diferentemente de outros, deixam entrever marcas de quem "fala" no enunciado, inscrevendo-se, explícita ou implicitamente, no texto que produz. Dito de outro modo, escrever "mina" ou "menina" fornece "pista" de quem seria a pessoa que escreve/fala. O seguinte exercício pode ser feito por meio do contraste entre duas sentenças, em que se observa cada uma das formas, como em (1) e (2).

(1) A **mina** chegou arrasando na festa.
(2) A **menina** chegou arrasando na festa.

De (1), projetamos a imagem da pessoa como adolescente que descreve fato ocorrido numa "balada" para outro adolescente. De (2), esta imagem daquele que escreve não se constrói. Pode-se pensar que quem diz (2) não é adolescente ou jovem ou, se for, é por demais "certinho", ou não tem outro adolescente como interlocutor.

Além de truncamentos, esse terceiro tipo de abreviatura engloba grafias de formas verbais reduzidas, que se constituem em registros gráficos de processos de apagamento de segmentos e/ou sílabas átonas em enunciados falados, como "to" ("estou"), "ta" ("esta"), dentre outras. Nesses exemplos, a sílaba "es" da formas verbais de "estar" é apagada e, portanto, a forma verbal é reduzida a uma sílaba. O professor tem, nessas grafias, material para tratar de características fonético-fonológicas, além das morfológicas, dos chamados verbos auxiliares ("ser", "estar", "haver", "ter", "ir", para citar alguns), que exibem um funcionamento particular em relação aos chamados verbos plenos, como "amar", "comer", "dormir".

Nos estudos linguísticos, os verbos auxiliares, diferentemente dos chamados verbos plenos, tendem a apresentar formas reduzidas, como "vamos" que pode ser falado, em situações informais, como "vã" (por exemplo, "**Vã** bora!" para "Vamos embora!"); "estamos" pode ser produzido como "tãmu", também em situações informais (por exemplo, "**Tãmu** atrasado" para "Estamos atrasados").

Mais uma vez, exemplificamos como o internetês pode ser objeto de reflexão em aulas que tenham sido planejadas como momentos privilegiados de investigação de características dos enunciados falados.

Por fim, analisamos, nesta seção, o último tipo de abreviatura digital que foi identificado no estudo no qual nos embasamos e que aqui discutimos. O **Tipo D** é formado por simplificações de grafia, mais frequentemente, de dígrafos, os quais podem ser substituídos por grafema de valor sonoro idêntico ao do dígrafo, caso de "bixo" ("bicho"), "ker" ("quer"). Nesses dois exemplos, estão em jogo possibilidades de registro das palavras a partir do sistema de escrita fonográfico, o alfabeto greco-latino (usar a letra <k> para representar o som [k]), ou a partir das convenções ortográficas do português brasileiro (usar o dígrafo <qu> para representar o som [k]).

Ao confrontar a grafia convencional "quer" e a grafia do internetês "ker", professor e aluno identificarão que ambas são possibilidades de representação do som [k], dadas pela ortografia e pelo alfabeto, e que a escolha de uma ou outra grafia implica se filiar a uma ou outra convenção social, na medida em que o escrevente que grafar "quer" se inscreve na convenção ortográfica, socialmente aceita, e o escrevente que grafar "ker" se inscreve no internetês, prática letrada/escrita partilhada em ambiente digital.

Investigar como funciona esse tipo de abreviatura, para além de proporcionar reflexão sobre o sistema de escrita alfabético e o conjunto de regras ortográficas, pode pôr à mostra a distinção entre o princípio acrofônico do alfabeto[30] e as motivações das regras ortográficas.

O confronto entre os funcionamentos do princípio acrofônico do alfabeto e os das regras ortográficas certamente se constitui

---

30 Lembramos que pelo princípio acrofônico do alfabeto, a cada letra é associado um som. Lembramos o leitor que a explicação do funcionamento desse princípio se encontra no início desta seção.

em oportunidade ímpar para o professor que trabalha com ensino de ortografia nos Ensinos Fundamental e Médio, com destaque para aspectos relacionados a conjuntos de convenções de representação gráfica de palavras, os quais estão fortemente vinculados a convenções estabelecidas socialmente,[31] o caso do mais recente acordo ortográfico[32] entre os países lusófonos.

Quadro 3. Definição de tipos de abreviaturas digitais

Tipos	Definição de abreviaturas digitais	Exemplos
A	Sequência de letras que resultam da omissão de vogais e do registro de letras que representam consoantes das sílabas que compõem a palavra abreviada.	*vc (você), kd (cadê)*
B	Registro das primeiras letras de palavra que é empréstimo linguístico.	*cam (câmera)*
C	Formas reduzidas ou truncadas que são predominantemente relacionadas a práticas orais e letradas mais informais.	*to (estou), mina (menina)*
D	Simplificação de dígrafos, os quais podem ser substituídos por grafema de valor sonoro idêntico ao do dígrafo.	*bixo (bicho), ker (quer)*

3.2 Abreviatura digital: principais características

Os tipos de abreviaturas digitais descritas têm como característica central serem formas reduzidas em relação às formas

---

31 A definição das convenções ortográficas é feita com base em motivos de natureza distinta, como por razões etimológicas, morfossintáticas, morfossemânticas. Indicamos aos interessados a leitura dos textos do professor Luiz Carlos Cagliari (2009), que explica a ortografia do português brasileiro.
32 O mais recente acordo ortográfico foi proposto em 1990 para ser adotado entre os países lusófonos, mas, no Brasil, foi aprovado em 1995 e entrou em vigor em 2009. Quando da elaboração e, posteriormente, da sua aprovação no Brasil, muitos textos acadêmicos e jornalísticos discutiram vários aspectos sócio-políticos relacionados à natureza desse acordo. Propomos ao leitor interessado pesquisar sobre o tema, pois o governo brasileiro concedeu o prazo de até 2016 para que os brasileiros se familiarizem com as novas normas, como informado no portal do governo: http://www.brasil.gov.br/sobre/educacao/reforma-ortografica.

matrizes. Sob o princípio da redução, também poderiam ser consideradas abreviaturas digitais "hta" e "h.tinha", descritas por Fabiana Komesu e Luciani Tenani (2009). Essas grafias têm menos segmentos grafados em relação à grafia convencional, por isso poderiam ser vistas como abreviaturas digitais. No estudo do internetês, identificamos "hta" ("a gata") em: "leo fala com Vivi: **hta** ta afim d tc?" e "h.tinha" ("aga" "tinha", ou seja, "a gatinha") no *nickname* "**h.tinhaborralhera**". Assim, em cada um dos casos, há uma única cadeia fônica que pode ser escrita conforme as regras ortográficas ou as convenções do "internetês", como se observa no Quadro 4.

Quadro 4. Correspondência entre grafias convencionais e internetês

Cadeia fônica	/aga´tiña/	/a´gata/
Grafia convencional	*a gatinha*	*a gata*
Internetês	*h.tinha*	*h.ta*

Essas grafias do internetês se caracterizam pelo uso da letra "H" (em português, nomeado "agá"), seguido de ponto (num emprego não convencional do sinal de pontuação) e do "resto" dos elementos da palavra que está sendo grafada. Faz-se relevante explorar o fato de que as fronteiras morfológicas de "a gatinha" e de "a gata" não coincidem com os pontos de corte grafados por pontos no internetês.

Explorando aspectos linguísticos dessas possibilidades de registros da cadeia fônica de /aga´tiña/, por exemplo, vê-se um jogo com possibilidades de registro de limites de palavra: em "a gatinha" há um sintagma constituído de uma palavra gramatical – artigo "a" – e uma palavra lexical – "gatinha"; em "agá tinha", há um sintagma nominal – o nome da letra "H" ("agá") – seguido de um sintagma verbal – uma forma do verbo "ter" ("tinha") –, formando, assim, parte de urna possível cadeia fônica de uma sentença da língua (como, por exemplo, "o agá tinha cor vermelha").

Por meio do estudo dessas grafias, descobrem-se possibilidades de, em uma cadeia fônica, haver "palavras sob as palavras", "a gatinha" e "agá tinha", o que se dá a partir de um jogo de possibilidades de sentidos e de segmentação alternativa do contínuo fônico e corrobora, assim, a ideia de heterogeneidade da linguagem à qual fazemos referência no capítulo 1.

A discussão desses dois casos de abreviaturas permite observar como os sintagmas "a gatinha" e "a gata" estão grafados com um menor número de letras em, respectivamente, "h.tinha" e "hta", *havendo redução de tempo de digitação e de espaço ocupado pela abreviatura*, quando consideradas as grafias convencionais.

Essas abreviaturas se particularizam em relação às comentadas por não haver abreviaturas convencionais com características linguísticas semelhantes. Essas abreviaturas, porém, partilham traço comum às abreviaturas digitais, que é o de fazer uso do nome da letra como recurso para ser recuperada a cadeia fônica omitida na escrita, como descrito para grafias como "vc" e "blz".

Outro traço comum às abreviaturas convencionais e às abreviaturas digitais está no fato de a grafia reduzida não ser, na sua maioria, uma "palavra nova", na medida em que "cf." e "confere" são as "mesmas" palavras, como também "vc" e "você" o são. Essa característica não é partilhada por palavras derivadas ou compostas, por exemplo, "nacional" e "nacionalizar" são duas palavras distintas, com entradas distintas nos dicionários, por não partilharem exatamente das mesmas características morfossintáticas e semânticas. A título de exemplificação, vejamos, a seguir, as definições para essas palavras no dicionário *on-line*, de acesso gratuito, *Dicionário Michaelis* (disponível em: http://michaelis.uol.com.br/):

nacional
adj m+f (lat. natione+al) 1 *Que diz respeito a uma nação.* 2 *Que é de uma nação.*

nacionalizar
(nacional+izar) vtde e **vpr.** *Tornar(-se) nacional; aclimar(-se), naturalizar(-se).*

Constata-se, no que diz respeito ao aspecto morfossintático, que "nacional" é adjetivo derivado da forma latina "natione" pelo acréscimo do sufixo "-al", enquanto "nacionalizar" é verbo derivado de "nacional" pelo acréscimo do sufixo "-izar". Nesse exemplo, verifica-se que a derivação sufixal, processo produtivo e regular de formação de palavras em português brasileiro, tem como traço aglutinar afixos à forma de base para formar palavras distintas entre si, o que não é uma característica das abreviaturas.

Até o momento, procuramos demonstrar regularidades linguísticas presentes nas abreviaturas, visando caracterizar o processo de abreviação em português brasileiro. Como pudemos observar, a abreviação consiste em processo linguístico de reduzir/encurtar palavras, e esse processo não é exclusivo da escrita no internetês, embora haja abreviaturas que mais frequentemente ocorrem em textos que circulam em ambiente digital. No entanto, na internet, abreviar pode ser visto como modo de enunciação escrito, marcado por propósito comunicativo, dividido, partilhado entre os escreventes, num suporte material que, muitas vezes, se dá em comunicação síncrona, isto é, simultânea, ainda que os participantes se encontrem em diferentes lugares geográficos no mundo. Vistas dessa perspectiva enunciativa-discursiva, as abreviaturas digitais são, também e em certa medida, resultantes de relação sócio-histórica do escrevente com seu interlocutor por meio de representações sociais do que seja escrever em ambiente digital (FUSCA, KOMESU, TENANI, 2011, p. 218).

É, pois, essa heterogeneidade o objeto de reflexão a ser trabalhado em sala de aula. Os exemplos de internetês aqui trabalhados por meio da investigação da abreviatura digital merecem ser estudados por professor-pesquisador e aluno, levando-se em conta que ambos estão imersos em práticas digitais contemporâneas.

No que diz respeito à abreviação em relação aos demais processos de formação de palavra, cabe-nos ainda enfatizar, com Ana Paula Belchor (2009), que a abreviação é um processo guiado pelo *princípio da redução*, o qual também está presente nos processos de derivação regressiva, truncamento e hipocorização.[33] Esses são **processos não concatenativos** que partilham, conforme argumenta o professor Gonçalves (2004), a característica de não haver adjunção de afixos a bases, o que os diferencia dos processos de prefixação e sufixação em que há adjunção de afixos a bases. Eis aqui um tema nunca tratado nas gramáticas normativas ou nos livros didáticos e até raramente discutido nos manuais de morfologia do português! Considerar abreviaturas digitais demanda estudar processos não concatenativos de formação de palavra em português.[34]

> **Processos não concatenativos**
> São aqueles que não envolvem a mera adjunção de afixos a bases, mas a retirada de parte da palavra, a qual não corresponde a um afixo. Esses processos são: truncamento, siglagem e hipocorização.

Ainda segundo a pesquisadora Belchor (2009), abreviação é um processo que se caracteriza por:

- (i) não preservar necessariamente a margem esquerda da palavra derivante, uma característica geral dos processos não concatenativos. Há formas como "sr." ("senhor"), em que o primeiro e o último segmento da palavra compõem a abreviatura, ou "pça.", em que o primeiro e os dois últimos segmentos compõem a abreviatura. Desse modo, essas abreviaturas não preservam a margem esquerda da palavra. Porém, ao lado dessas abreviaturas, há outras, como "av." ("avenida") e "prof." ("professor"), em que há a preservação da margem esquerda da palavra;

---

33 Lembramos que no Quadro 1 estão listadas as definições dos processos de redução de palavras.
34 Uma obra de referência sobre o tema foi organizada pelo professor Gonçalves e colegas (cf. GONÇALVES et al., 2009).

- (ii) "formar sequências cuja ordenação de letras não corresponde a estruturas silábicas aceitáveis em português" (BELCHOR, 2009, p. 163), como "bco." ("bloco"), "cpo." ("campo"), "pl." ("plural"). Como essas sequências gráficas resultam em "uma série de configurações impronunciáveis" (idem), a autora afirma ser essa uma característica que "parece restringir o processo de abreviação à modalidade escrita" (idem);
- (iii) ter seu emprego condicionado "à economia de tempo ou de espaço na escrita, uma vez que grande número de formas abreviadas tem seu emprego restrito a essa modalidade" (idem).

> **Formação de palavras: processos não concatenativos e derivação**
>
> Os processos não concatenativos de formação de palavras se distinguem dos processos de formação de palavra por derivação por dois aspectos que nos interessam destacar: os não concatenativos se caracterizam por (i) retirar parte da palavra; (ii) preservar a margem esquerda ou a direita da palavra da qual são formados.
>
> Os processos derivacionais se caracterizam por haver: (i) soma de afixos à base; (ii) preservação das margens esquerda e direita da forma de base da qual derivam.
>
> As abreviaturas convencionais e as digitais não seguem as características desses processos, o que leva alguns pesquisadores a considerá-las como produtos da escrita.

Diferentemente dessas características arroladas para abreviação em ambiente distinto do digital, podemos defender, com base na análise de abreviaturas do internetês apresentada, que "abreviação digital é processo que, assim como os não concatenativos, apresenta regularidades linguísticas, 'regras de boa formação' que têm relação com **características prosódicas** de enunciados orais/falados, produzidos em contextos em que a relação entre os interlocutores pode ser caracterizada como mais informal" (FUSCA, KOMESU, TENANI, 2011, p. 220-221).

> **Características prosódicas**
> Características prosódicas de uma dada língua compreendem, principalmente, padrões rítmicos, isto é, regularidades de intervalos entre sílabas fracas e fortes, padrões entoacionais, ou seja, regularidades na distribuição de tons nos enunciados, e a relação desses padrões com as estruturas morfossintáticas e semânticas da língua.

O fato de ser um processo menos produtivo na formação de palavras na língua, e de se caracterizar pela "retirada" de partes da palavra de base, já fornece pistas dos motivos que podem levar a abreviação a ser avaliada como prática que "degrada a língua", numa prática como o internetês. Simultaneamente, essa característica também permite pensar esse processo favoravelmente, como legítimo da língua, regido por regularidades outras que não aquelas típicas dos processos aglutinativos do sistema linguístico. Portanto, abreviaturas digitais seguem regularidades típicas do português brasileiro, algumas ainda pouco conhecidas, o que nos levar a propor que sejam resultados de um processo linguístico a ser mais bem investigado. O fato de não ser produtivo, como a sufixação ou a prefixação, para mencionar apenas dois exemplos de processos de formação de palavras, não implica que seja processo caótico, aleatório ou destituído de regras. Ainda o fato de ser visto como restrito à modalidade escrita da língua carece de reflexão, pois defendemos que a dimensão visual da escrita não está dissociada da dimensão verbal de representação de uma dada língua. Dito em outras palavras, não se verifica emprego aleatório das letras do alfabeto para abreviar no internetês; se esse emprego aleatório das letras pudesse, de fato, ser realizado segundo as escolhas individuais de cada escrevente, ao outro, o interlocutor, não seria possível ler as palavras do português, uma vez que não haveria convenção da representação daquela língua.

Mais uma vez, defendemos que o trabalho a ser guiado pelo professor-pesquisador junto ao aluno em sala de aula seja o da reflexão sobre as características do internetês, aqui exemplificado por meio do processo de abreviação. Em outras palavras, defendemos que a abreviação seja tomada como processo de formação de palavras que proporciona uma "chave de entrada" na descoberta do funcionamento da língua em seu uso, seja ou não em ambientes digitais, como procuramos argumentar. Propostas de atividades elaboradas com base no estudo de abreviaturas digitais são apresentadas ao professor no capítulo 5. A aposta, portanto, é no estudo do internetês, em específico, e da língua, de modo geral, visando à compreensão de regularidades e de usos que são observáveis, de modo privilegiado, por meio de práticas sociais letradas/escritas em ambiente digital.

4. ABREVIATURA DIGITAL: POSSIBILIDADES DA LÍNGUA E DO DISCURSO

Práticas sociais reconhecidas como características do "mundo digital" se constituem de modo complexo e estão, constantemente, sujeitas a mudanças, em parte, motivadas pelas novas tecnologias que chegam aos usuários de maneira cada vez mais disseminada e rápida. Essa rapidez com que se observam mudanças tecnológicas "transborda" para práticas letradas/escritas, de tal modo que "escrever rapidamente" passa a ser condição para pertencer a esse mundo digital.

Tratamos desse tema explorando, na próxima seção, excerto de textos produzidos por alunos do segundo ciclo do Ensino Fundamental a respeito do internetês.

4.1 Abreviar e entrar no mundo digital

No cenário do mundo digital, abreviar é uma das práticas a serem dominadas pelos internautas, pois, como visto, abreviaturas levam à redução de tempo de digitação das palavras. Portanto, abreviar é condição para o escrevente fazer parte do "mundo digital", como observa o aluno no Texto 4.

Texto 4

> *Esses dias eu conversei com um amigo aqui, e ele es) dígitava diferente e não colocava a palavra inteira, achei muito legal aquilo, é assim que se fala no MSN? Se for, quero más muito aprender porque eu gostei.*

Fonte: Banco de dados de escrita do Ensino Fundamental II, texto Zo8_6A_28F_o4.

Apresentamos a seguir transcrição do texto original:

Esses dias eu conversei com um amigo aqui, e ele digitava diferente e não colocava a palavra inteira, achei muito legal aquilo, é assim que se fala no M.S.N? Se for, quero muito aprender porque eu gostei.

A descrição "não colocar a palavra inteira" traz, nas palavras do aluno, uma das características do modo pelo qual as palavras são digitadas, em situação de interação em ambiente virtual, com um amigo. Em outras palavras, abreviar é reconhecido como modo de enunciação característico do internetês. A entrada em práticas letradas/escritas tomadas como típicas do "mundo digital", aqui particularizadas para a interação por MSN, é objeto de reflexão por parte do aluno, como registrado no Texto 4.

Outro aspecto importante a ser destacado é que, dentre os que navegam na rede, particularmente crianças e jovens, é frequente o espírito curioso típico daqueles que se deparam com ambientes desconhecidos, desafiadores. Como em ambientes naturais, também em ambientes digitais há certo espírito solidário entre os desbravadores desses ambientes. Diante de palavras cujas grafias são "estranhas", o internauta/leitor aprende como ler/escrever por meio de práticas letradas/escritas que se constituem na interação entre os leitores e os escreventes em ambiente digital, como observado pelos alunos autores dos Textos 5 e 6.

Texto 5

Fonte: Banco de dados de escrita do Ensino Fundamental II, texto Zo8_5A_39M_04.

Apresentamos a seguir transcrição do texto original:

foto e pronto, e você tem que aprender a escrever como as pessoas escrevem no msn, você se escreve vc, não se escreve naum, e mais se escreve + entao aí vaí meu endereço do meu msn para você XXXXX@_2008. Um beijo

Texto 6

Fonte: Banco de dados de escrita do Ensino Fundamental II, texto Zo8_6A_27F_04.

Apresentamos a seguir transcrição do texto original:

Bem a internet tem varias coisas legais, da pra você estudar, jogar e até conversar com seus amigos oline. Acho que voce já tem MSN caso voce não entenda as palavras que as pessoas te mandam vou mandar algums significado (VC é voce RSRS – risadas – XAU – tchal – pq – porque – pc – computador) e muitas outras que você vai aprendendo com o tempo. me (add) adiciona no seu msn. O meu é XXXXX@hotmail.com

É interessante destacar, do Texto 6, dois excertos: "caso você não entenda as palavras que as pessoas te mandam, vou mandar algums significado" [...] "e muitas outras que você vai aprendendo com o tempo". No primeiro excerto destacado, há a projeção de uma possível "dificuldade de leitura" das abreviaturas por parte de seu leitor/interlocutor ("caso você não entenda as palavras que as pessoas te mandam"), seguida de uma "postura solidária", por um lado, e didática, por outro, do autor do texto ao se propor a ajudar o outro a superar essa dificuldade a partir de uma lista de "significados" de abreviaturas ("vou mandar algums significado").

Retomamos, a seguir, a lista elaborada pelo aluno para destacar aspectos linguísticos dessas abreviaturas digitais. Como visto no capítulo 3, "vc" e "pq" são um tipo de abreviatura mais frequente (Tipo A descrito), em que a omissão das vogais da palavra é o traço relevante. Já "add" ("adiciona") é palavra inglesa, enquanto "pc" é abreviatura advinda do inglês para "personal computer". A grafia "xau" ("tchal") pode ser analisada como sendo do Tipo D, que se caracteriza por abreviaturas que envolvem, muito frequentemente, a substituição do dígrafo previsto pela ortografia por grafema de valor sonoro idêntico. Nessa grafia, além de evidente redução no número de grafemas na comparação entre forma convencional e forma abreviada, a leitura de "xau" recupera uma possível enunciação infantil para "tchal". No internetês, o uso de "xau", para além de abreviar o tempo gasto para teclar a mensagem, aproxima aquele que escreve daquele que lê, por meio de relação mais informal. Essa mesma relação de proximidade entre interlocutores é instaurada quando empregada a abreviatura "rsrs" ("risos" ou "risadas"). Abreviar palavras ganha, fortemente, a dimensão de abreviar distâncias entre pessoas, como defendem as professoras Fusca, Komesu, Tenani (2011).

No entanto, na perspectiva do aluno que produziu o Texto 6, a lista de abreviaturas enviada não é suficiente e, didaticamente, esse estudante alerta: "você vai aprendendo com o tempo". Ou seja, abreviar é uma das práticas letradas/escritas que se aprende, justamente, por meio dessas práticas sociais, numa relação de proximidade e de colaboração entre escrevente e leitor.

Esse é, pois, aspecto importante do internetês que ainda precisa ser considerado nas reflexões sobre português brasileiro a serem desenvolvidas em sala de aula: a forma com que as palavras são grafadas depende de possibilidades instauradas pelas relações entre as pessoas. Se a relação for de proximidade ou se se busca instaurar esse tipo de relação, abreviar é um traço que torna concreta, real essa relação.

Com base nas considerações feitas até o momento, podemos afirmar que um traço de domínio do internetês é abreviar e que abreviar é prática letrada/escrita que se constrói na interação. Nessa interação entre pessoas, a imagem do outro (leitor/escrevente), isto é, as expectativas que são produzidas sócio-historicamente no que se refere aos sentidos da linguagem, é aspecto fundamental para que um fenômeno como o da abreviação apareça, como observa um aluno do Ensino Fundamental no texto que se segue.

TEXTO 7

> Além do mais o internetês é bem mais prático e muito fácil de se escrever, pois que importância há se escrevemos abreviado na internete? Com serteza o que escrevemos lá não é pra alguem muito importante.

Fonte: Banco de dados de escrita do Ensino Fundamental II, texto Zo8_7B_XXF_o4.

Apresentamos a seguir transcrição do texto original:

Além do mais o internetês é bem mais prático e muito fácil de se escrever, pois que importância há se escrevemos abreviado na internete? Com serteza o que escrevemos lá não é pra alguem muito importante.

Nota-se, no Texto 7, que um aluno da então 7ª série observa uma característica que projeta de seu interlocutor em ambiente digital: "com serteza o que escrevemos lá não é pra alguem muito importante". Fica evidente, nesse caso, certos valores assumidos pelo autor, como o fato de o ambiente digital ser caracterizado por informalidade, ausência de hierarquia, quem sabe, certa proximidade com o outro, mesmo que esse interlocutor seja fisicamente desconhecido. Em outras palavras, abreviar é um modo de enunciação característico de interações que se constituem por proximidade entre leitor e escrevente, mesmo que estabelecida "virtualmente" por meio de tecnologias digitais.

4.2 Abreviar e se aproximar do leitor

É sabido que a relação de proximidade entre aquele que escreve e o leitor não é traço exclusivo de prática letrada/escrita em ambiente digital, embora nesse ambiente possa ser observada, de modo mais explícito, a busca por essa relação. Enfatizamos que abreviar tem como traço linguístico "reduzir" palavras e, muito fortemente, ao se valer dessa possibilidade da língua, de redução de palavra, o escrevente parece projetar o propósito de se aproximar do leitor. Ao reduzir a distância entre escrevente e leitor, evidencia-se a dimensão discursiva que muitas abreviaturas deixam entrever de modo privilegiado, como explorado por Carla Fusca (2011). Exemplificamos como se dá esse funcionamento da abreviação no português brasileiro por meio da análise do uso da abreviatura que ocorre no título da crônica "K entre nós", escrita por Antonio Prata, e publicada no jornal *Folha de S.Paulo* em 27 de março de 2013.[35]

A expressão "cá entre nós" é, frequentemente, usada na interação face a face, projetando o desejo do interlocutor de assegurar certa intimidade e/ou cumplicidade sobre aquilo que enuncia.

---

35 O texto "K entre nós", de autoria de Antonio Prata, está disponível para acesso a assinantes no endereço eletrônico: http://www1.folha.uol.com.br/colunas/antonioprata/1252985-k-entre-nos.shtml.

Pode ser tomada, portanto, como expressão empregada em práticas orais/faladas que colocam em destaque proximidade entre pessoas. A crônica em análise é "uma carta aberta, no meio do jornal" (anunciado logo no início do texto): destinatário e remetente estão nomeados no texto, o assunto é de interesse particular (uma vez que diz respeito ao envio a endereço errado de correspondência bancária do destinatário). No excerto a seguir transcrito, identificam-se esses elementos textuais.

> *Não nos conhecemos. Meu nome é Antonio de Góes e Vasconcellos Prata. O seu é Gesiel Mariano de Barros – pelo menos, é o que está escrito na correspondência bancária que recebo aqui em casa, todo mês. É estranho, pois moro em Cotia e você, segundo sugerem os envelopes, em Duque de Caxias. Mais estranho ainda é que aí em Duque de Caxias haja uma rua com o mesmo nome da minha, uma casa com o mesmo número, num bairro quase homônimo: Residencial Par, o seu, Residencial Park, o meu – mas se o correio não repara nem que vivemos em cidades diferentes, imagina se vai notar esse minúsculo K, perdido na vastidão do Brasil?*
> *PRATA, A. K entre nós, Folha de S. Paulo, 2013.*

Portanto, "cá entre nós" é uma crônica-carta que traz, de modo saliente, o propósito de o escrevente se aproximar de um leitor em específico. No entanto, ao se valer da abreviatura "K", para "cá", grafia típica do internetês, a aproximação escrevente-leitor de "K entre nós" fica inscrita na língua, traz à baila práticas letradas/escritas típicas do internetês.

Chamamos a atenção, ainda, para o fato de "K entre nós" ter outra leitura, que não exclui a de "cá entre nós". Quando lido o texto, entende-se que o motivo da crônica-carta é o envio de documentos bancários de um cliente para outra pessoa, por serem os endereços dos envolvidos muito semelhantes entre si: mesmo nome de rua, mesmo número das casas, sendo "quase homônimos" os nomes dos bairros: "Residencial Par" *versus* "Residencial

Park". A diferença está no "K", presente num nome, ausente noutro! É o que os personagens da crônica "dividiriam" como ponto comum, entre eles ("entre nós").

O título "K entre nós" mobiliza conhecimento do internetês e dele se vale para disseminar sentidos privilegiados pelo autor do texto. A abreviatura empregada não pode ser lida, nesse caso, como "erro gramatical". Ao contrário, o emprego sinaliza o quanto o autor aposta em práticas letradas/escritas partilhadas com o leitor. Acreditamos que o professor-pesquisador sensível a fenômenos da língua pode se valer de texto de ampla circulação, a exemplo de uma crônica em jornal, para explorar com o aluno questões vinculadas ao internetês, mas, sobretudo, ao funcionamento da linguagem e das relações sociais.

Para finalizar este capítulo, retomamos os objetivos dos Parâmetros Curriculares de Língua Portuguesa do Ensino Fundamental (BRASIL, 1998):

> A escola deve assumir o compromisso de procurar garantir que a sala de aula seja um espaço onde cada sujeito tenha o direito à palavra reconhecido como legítimo, e essa palavra encontre ressonância no discurso do outro. Trata-se de instaurar um espaço de reflexão em que seja possibilitado o contato efetivo de diferentes opiniões, onde a divergência seja explicitada e o conflito possa emergir; um espaço em que o diferente não seja nem melhor nem pior, mas apenas diferente, e que, por isso mesmo, precise ser considerado pelas possibilidades de reinterpretação do real que apresenta; um espaço em que seja possível compreender a diferença como constitutiva dos sujeitos (PCN, p. 48).

No caso específico do contexto escolar, enfatizamos que o estudo da abreviação digital e do internetês é um bom exemplo de como transitar por práticas letradas/escritas proporciona àquele que escreve e àquele que lê oportunidade privilegiada de refletir sobre o jogo de possibilidades da enunciação.

5. PARA ONDE OLHAR: MARCAS LINGUÍSTICAS DO INTERNETÊS

Nosso objetivo, neste capítulo, é mostrar como certas características do português podem ser investigadas por meio do estudo do internetês. Lembramos que a concepção de escrita assumida neste livro, apresentada no capítulo 1 e desenvolvida nos demais capítulos, é aquela segundo a qual a escrita é constituída de modo heterogêneo, numa indissociabilidade entre práticas sociais orais/faladas e práticas sociais letradas/escritas. Dessa perspectiva, acreditamos, o internetês, como atividade escrita, torna-se, ao olhar do professor-pesquisador, lugar privilegiado para observação de características linguísticas vinculadas a práticas letradas/escritas e orais/faladas; dito em outras palavras, para o estudo da complexidade da linguagem.

5.1 Como estudar o internetês como possibilidades da língua?

Como discutimos no capítulo 1, o internetês é comumente entendido como um tipo de escrita não convencional cujo funcionamento estaria fundado na "transcrição" de certas características da fala da língua portuguesa, numa relação de "interferência" da fala na escrita. Apresentamos a proposta de que existem ganhos quando o internetês passa a ser visto como uma (dentre várias outras) possibilidade(s) de representação da língua e não como simples "transcrição" ou "interferência" da fala na escrita. Essa representação, ainda segundo nossa proposta, está articulada a possibilidades de produção de sentido nas relações que as pessoas estabelecem umas com as outras ao longo da história dos grupos sociais. Essas afirmações têm, como uma de suas consequências, mobilizado certo modo de ler/escrever textos e trabalhar a língua(gem) na escola. Exemplificamos como nossas propostas se "traduzem" em práticas escolares a partir do texto de um anúncio publicitário.

TEXTO 8

uhuuuuww
aula soh nu mes q vem...
huahuahuaaa.

mtoloko!!!!!!
[...]
p/ faze desenho
animadu :-)

Vem logo... Aki tem
7 cinemas... mto
filme iraduuu... rsrsr

soh tem loja xou...
To t sperandu n
dmora hein =)

ti adoro mto!!!
to c saudad :-)
hehehheheh

Eiiiiabriuakla
loja mto fofinha...
Vc tem q v....!!!!

9dades [....]

Esse texto integrou anúncio publicitário veiculado na primeira página do *Caderno 2* do jornal *O Estado de S.Paulo*, de 6 de julho de 2005 (data que, à época, coincidia com o início das férias escolares), com divulgação de serviços e lojas no *shopping* Villa-Lobos, localizado em área nobre da cidade de São Paulo.[36] O anúncio, que ocupava 75% da página do jornal, foi impresso em tons de cor-de--rosa e trazia a imagem de uma jovem sorridente, esguia, de cabelos castanho-claros anelados e longos. A adolescente, vestida com minissaia descontraída, procura equilibrar bolsa cor-de-rosa, chaveiros de pelúcia, celular e inúmeras sacolas de compras coloridas e divertidas, enquanto "fala" ao aparelho. A imagem centralizada da garota é circundada por "caixas de textos" escritos em cor preta, referência a "falas" de personagem em histórias em quadrinhos. O desenho da fonte do texto remete a caracteres de teclado de computador e/ou de aparelho celular. Desse anúncio, interessa-nos apontar possibilidades de estudo do texto escrito por esse apresentar traços mais frequentemente atribuídos ao internetês, mas em contexto de mídia tradicional impressa. Dentre as características linguísticas que podem ser discutidas, a partir deste texto, pelo professor de língua portuguesa em sala de aula, listamos as seguintes:

- registros de onomatopeias distintas das onomatopeias convencionais: "uhuuuuww" (para grito de felicidade), "huahuahuaaa" (para gargalhada). Esse tema pode ainda motivar reflexões em torno das seguintes questões: Que características da fala são representadas nas onomatopeias digitais? Que semelhanças há entre onomatopeias convencionais e as digitais?;
- ausência de acentos convencionais (ex. "mês"), combinada com uso de <h>, quando é uma vogal "é", "ó", como em "soh" ("só");
- usos não convencionais de sinais de pontuação: repetição de ponto de exclamação (ex. "mtoloko!!!!!!"), vários empregos de reticências onde previsto ponto (ex. "Vem logo... Aki tem 7 cinemas"), uso combinado de reticências e exclamação (ex. "Vc tem

---

36 Uma versão mais completa da análise desse texto de anúncio publicitário encontra-se em artigo publicado pelas professoras Fabiana Komesu e Luciani Tenani (2010).

q v....!!!!"). Usos de pontuação em ambiente digital suscitam questões como: Que sentidos são mobilizados pela repetição dos sinais de pontuação? Que características da fala são representadas por meio dos sinais de pontuação?;

- usos não convencionais de algarismos: em "9dades", para "novidades", "9" representa parte dos sons da palavra por meio do nome do numeral, em português, e contrasta com o uso convencional do algarismo em "7 cinemas". A propósito dessa prática letrada/escrita, sugerimos as seguintes questões para discussão: Quais são as diferenças entre algarismo e numeral? Quais são os usos convencionais para escrever numerais?

Além dessas características, destacamos, desse texto, usos de grafia não convencional de palavras que, supostamente, pretendem reproduzir características dos enunciados falados, numa caracterização da escrita "fonetizada", tal como problematizada no capítulo 1.

Vejamos, no quadro a seguir, sugestões para o professor se valer do texto do anúncio publicitário e, com o aluno, propor a investigação de temas do funcionamento da escrita do português.

Quadro 5. Sugestões de tópicos de estudo a partir de anúncio publicitário

Aspectos a serem analisados	Questões a serem abordadas
Uso de abreviaturas: convencionais, como "p/" ("para") e "c/" ("com"), e digitais, como "q" ("que"), "vc" ("você"), "v" ("vê"), "t" ('te').	Que características linguísticas se observam entre as abreviaturas convencionais e digitais?
Registro de grafema para representar som de dígrafo: <k> grafado no lugar do dígrafo <qu>, que representa o som [k], em "aki" ("aqui"), e <x> no lugar do dígrafo <sh>, que representa o som [S],[37] em "xou" ("show").	O que são e quais são os dígrafos do português? Por que existem dígrafos?

37 [S] é, neste livro, a representação do segmento palato-alveolar desvozeado, que pode ser grafado, em português, com <x>, em "xícara", com <ch>, em "chácara", por exemplo.

Aspectos a serem analisados	Questões a serem abordadas
Uso não convencional de letra para representar o som da fala: (1) consoantes, como <k> empregado em "loko" para representar o som [k] que a letra <c> assume diante de <o>; (2) vogais, como o uso de <i, u> para representar os sons [i, u] das vogais postônicas finais quando previsto, respectivamente, <e, o>, como em "t<u>i</u>" ("t<u>e</u>"), "animad<u>u</u>" ("animad<u>o</u>"), "irad<u>u</u>" ("irad<u>o</u>"), "n<u>u</u>" ("n<u>o</u>").	Entre as consoantes, quais são as regras ortográficas que estabelecem a relação letra-som para <c, qu>? Entre as vogais, como é a relação entre letra-som? Quais sons vocálicos são representados por cada letra? Em que ambientes uma letra representa mais de uma vogal?
Não registro de grafemas para representar possível apagamento de segmentos: (1) consoantes, como o <r> final em "faze" ("faze<u>r</u>"); e (2) vogais, como <u> em "loko" ("lo<u>u</u>co"), contexto de ditongo; como <e> em "sperandu" ("<u>e</u>sperando"), posição inicial de palavra; e <e> em "saudad" ("saudad<u>e</u>"),[38] posição final de palavra.	Que consoantes e que vogais são grafadas, mas não são faladas em situações informais de comunicação? Quando as consoantes podem ser "apagadas" na fala? Quando as vogais podem "desaparecer" na fala?
Uso de formas reduzidas do verbo "estar": como "to" para "estou".	Que verbos apresentam formas reduzidas? Quando os verbos podem ter formas reduzidas?
Repetição de vogais para representar alongamento de sílabas, como "irad<u>uuu</u>" e "E<u>iiii</u>".	O que o alongamento indica na fala? Quais outras formas escritas apresentam sentidos semelhantes aos do alongamento?

Os aspectos apontados dizem respeito, em sua maioria, a características da ortografia do português, o que permite ao professor-pesquisador introduzir o debate acerca das naturezas da ortografia e do alfabeto. Além dessa reflexão, o confronto entre a

---

38 A grafia de "saudad" também, em princípio, poderia ser analisada como abreviatura na medida em que a vogal <e> pode ser recuperada do nome da letra <d>. Optamos por manter essa grafia como exemplo de representação de característica da fala – com o apagamento da vogal – por considerarmos o fato de "saudad" ocorrer em final de enunciado, contexto propício para a não realização da vogal átona de final de palavra. Observamos que essa escolha não implica afirmar que haja apenas uma motivação para a ausência de <e> em "saudad".

grafia do internetês e a grafia convencional das palavras permite tratar, de modo específico, da relação entre fala e escrita.

A título de exemplificação da proposta de estudo do internetês, sugerimos que o professor-pesquisador destaque para o aluno que, ao lado de grafias que – como acabamos de apontar – têm motivação, possivelmente, em características dos enunciados falados, há as palavras "desenho", "logo", "adoro", cujas grafias das vogais finais seguem a convenção ortográfica (diferentemente de, por exemplo, "iradu"), embora sejam vogais que, nos enunciados falados, possivelmente sejam realizadas como [u]. Ou seja, o professor poderá mostrar que, em internetês, os enunciados escritos não são transcrição sistemática de todas as características dos enunciados falados, embora guardem relação com certas características da fala. Essa flutuação entre a convenção e a não convenção pode ser vista como mais um tema a ser discutido em sala de aula: seria esse um "problema" do internetês? Alternativamente, o professor-pesquisador pode propor um "olhar de detetive" para com a língua e lançar ao aluno questões como:

- o que essas grafias não convencionais revelam sobre a fala?
- o que essa flutuação identificada na grafia das palavras em internetês nos ensina sobre o funcionamento da escrita e das práticas letradas/escritas em linguagem?

As respostas para essas questões estão no quadro anterior, por meio do qual sugerimos temas diversos que permitem levar os alunos a refletir sobre fala, escrita e ainda sobre práticas letradas/escritas.

A fim de explicitar nossa proposta de trabalho com o internetês em sala de aula, selecionamos, a seguir, dois trechos do texto em análise, a saber: "To t sperandu" e "ti adoro mto!!!". Mais especificamente, lançamos luz sobre as grafias "t" e "ti" e perguntamos: o que revelam essas grafias diferentes, já que, na fala, poderiam ser igualmente realizadas como [ti]? Recuperando a grafia convencional, o professor-pesquisador lembraria que é "te esperando" e "te adoro" para as duas sequências em destaque. Supondo uma realização possível, para muitas (mas não para todas) variedades faladas do português do Brasil,[39] dessas mesmas sequências, teríamos "t[i i]sperando" > "t[i]sperando" e "t[i a]doro" > "t[ia]doro". Em ambas as sequências, quando faladas, "te" se junta à palavra que se segue, formando uma única unidade: no primeiro caso, as vogais se fundem; no segundo caso, as vogais formam um ditongo. Portanto, mais uma vez, diferentes grafias – ambas distintas da convencional – não são, necessariamente, ancoradas em possível característica da fala. Pensar sobre como é o funcionamento da relação entre fala e escrita pode ser bastante desafiador tanto para o professor quanto para o aluno.

Lembramos que instigar a reflexão sobre a linguagem de modo amplo é nossa proposta de trabalho com o internetês em sala de aula. Retomamos aqui, brevemente, que as abreviaturas analisadas nos capítulos anteriores também permitem desenvolver essa temática relacionada à variação na linguagem. Recordamos que "também" pode ser abreviado como "tb" ou "tbm". Seria essa variação motivada por algum fator ou simplesmente opções possíveis para o internauta? As respostas devem ser buscadas junto aos alunos, levando-os a pensar sobre escrever na internet.

Outro tipo de texto a partir do qual o professor-pesquisador pode promover debate em sala de aula sobre internetês, ortografia, relação fala e escrita é o apresentado a seguir. Trata-se de imagem (fotografia) que circulou em periódicos impressos, periódicos digitais e em redes sociais no mês de junho de 2013 por ocasião dos protestos ocorridos nas ruas de inúmeras cidades brasileiras. Nessa imagem, uma jovem "cara-pintada", tendo ao fundo luzes saídas das janelas de prédios, num cenário marcadamente urbano, segura um cartaz em que se pode ler o seguinte:

---

39 Aqueles cuja fala é "t[e e]sperando" podem ainda discutir coletivamente a variação linguística do português no Brasil. Particularmente, nesse caso, vale observar que, para "te", há variação entre [te] ~ [ti] ~ [tSi], no português falado em diferentes regiões do Brasil.

Texto 9

IA IXCREVER
AUGU LEGAU,
MAIX FAUTÔ
EDUKASSÃO

Diferentemente do texto do anúncio publicitário, há outros aspectos de produção de sentido mobilizados por meio da escrita não convencional observada no cartaz. Interessa-nos chamar a atenção do professor para a saudável reflexão sobre o papel da escrita em nossa sociedade e, mais especificamente, o valor sócio-histórico de textos que não atendem a regras ortográficas. Escrever fora das convenções ortográficas é índice de analfabetismo ou de falta de (boa) educação, por isso, o tom de lamento, queixa, protesto: "Ia escrever algo legal, mas faltou educação".

Além desse tema mais amplo sobre o valor da ortografia, a escrita do cartaz apresentado permite, ao professor de língua portuguesa, abordar, pelo menos, duas questões que podem ser norteadoras dos estudos sobre a língua, a saber:

- em que aspectos a escrita do cartaz é semelhante às características do internetês? Em que elas são diferentes entre si?;
- em que aspectos essas escritas são representação dos sons da fala?

As respostas para essas questões são dadas a partir da comparação termo a termo entre internetês, fala e escrita convencional. Para exemplificar uma maneira de trabalhar essa relação na escola, apresentamos, a seguir, três registros do mesmo enunciado para comparação: o enunciado escrito no cartaz, uma transcrição fonética[40] e a grafia convencional do enunciado.

---

40 A transcrição fonética proposta não adota os símbolos do alfabeto fonético internacional, mas se vale das letras do alfabeto latino, buscando representar aspectos dos sons do português que são relevantes para o presente estudo.

Quadro 6. Relações entre enunciados falados e escritos

Enunciado do cartaz	"Ia excreveraugulegau, maixfautôedukssão".
Transcrição do enunciado	[ia iSkreveaugulegau / maiSfautoedukasão]
Grafia convencional	"Ia escrever algo legal, mas faltou educação".

Dessa comparação, notam-se características da fala representadas no texto do cartaz, na medida em que nesse texto há, por exemplo, emprego de <u> (em "a̲u̲g̲u̲" e "lega̲u̲") para representar uma possível realização dessas palavras na variedade falada do português em várias regiões do Brasil, onde se constata o processo de vocalização da consoante lateral quando em fim de sílaba (como em "lega[u]", "fa[u]tou") e o alçamento[41] da vogal média "o" para [u] em fim de palavra (como em "alg[u]"). Cabe chamar a atenção para o fato de que a vogal "o" do final de "educação" também é falada com [u], mas na grafia do cartaz em análise não houve o registro dessa possibilidade de realização oral/falada da palavra. Essa "flutuação" entre ora registrar características de fala, ora registrar a palavra a partir das convenções ortográficas deverá ser objeto de reflexão em sala de aula, pois essa constatação de "flutuação" de registro gráfico das palavras corrobora concepção de escrita heterogênea, considerando-se que são múltiplas as motivações para essa escrita não convencional, o que, por isso mesmo, revela a complexidade das práticas orais/faladas e letradas/escritas em nossa sociedade.

Além dessas, outras características dos enunciados falados podem ser identificadas por meio dessa comparação. A identificação,

---

41 Alçamento vocálico é um termo técnico da área de fonética-fonologia usado para se referir ao fato de haver uma "subida" (daí, "alçar") da posição da língua dentro da boca, de modo que, no exemplo discutido, temos: de uma posição medial – que leva à produção do som [o] – a língua "sobe" a uma posição relativamente mais alta dentro da boca – que leva à produção do som [u]. Esse movimento de "subida" (ou alçamento) da língua é atestado nas vogais átonas finais no português falado em diversas regiões do Brasil e também em Portugal.

de maneira exaustiva, de fatos da fala registrados na escrita é um ótimo exercício de reflexão a ser feito em sala de aula. A sistematização desses fatos de língua(gem), a ser feita de forma coletiva a partir do diálogo entre professor e alunos sobre práticas orais/faladas e letradas/escritas, certamente proporcionará ganhos aos estudantes, na medida em que permite explicitar relações entre fala e escrita, bem como problematiza os modos pelos quais essas relações são passíveis de estudo, investigação, sistematização.

Outro ponto a ser posto em análise que aproxima a escrita do cartaz à escrita do internetês é o uso de <k> para representar a sílaba "ka" em "EDUKSSÃO". Nesse caso, lembramos que é o nome da letra ("k" = "ka") que leva o leitor a "encontrar" a vogal que "falta" na palavra grafada não convencionalmente. Somadas a esse aspecto, as representações de certas características da fala, como o exemplo da vocalização da lateral, levariam professor e aluno a concluir que: "o texto do cartaz, assim como o internetês, traz muitas características da fala, especialmente aquelas observadas em situações informais de comunicação". Essa conclusão é parcialmente verdadeira. A postura de detetive à Sherlock Holmes, proposta neste livro, levará a desconfiar de conclusão tão óbvia. Um olhar de investigador, porém, faz-se necessário e a consideração de todos os aspectos – e não apenas de alguns deles – permitirá o aparecimento de questões instigantes, como:

- o que o uso de <SS> em "edukssão" indica?;
- se essa não é uma grafia convencional, nem uma representação da fala, então qual é a sua motivação?

A condução da reflexão pelo professor-pesquisador levará o aluno a mobilizar conhecimentos da ortografia do português para constatar que o som [s] tem várias possibilidades de registros convencionais, a saber: <ss>, em "sessão"; <ç> em "seção"; <s> em "mansa". Outras questões instigantes podem ser:

- que som está sendo representado por <x> em "ixcrever" e "maix"?;

- se considerado o uso em português do "x" em fim de sílaba, como em "extra", quais as possibilidades de realização dessa palavra?

As respostas passam por considerações relativas à variação na realização dos "s" e "z" em final de palavras. No Estado do Rio de Janeiro, por exemplo, o som é de uma consoante fricativa palatal (como é o som da primeira consoante em "xícara"), mas no Estado de São Paulo, por exemplo, o som é da fricativa alveolar (como é o som da primeira consoante em "saca"). Professor e aluno verificarão que há uma variação na possibilidade de ler/ realizar as fricativas em fim de sílaba ou de palavra, como em "escrever" e "mais", por exemplo, e que essa variação depende do local onde mora o falante/escrevente. Portanto, como investigadores à Watson, professor e aluno descobrirão que o cartaz, possivelmente, foi escrito por alguém que fala uma fricativa palatal ou que assim leva seu leitor a construir sua identidade como falante do português.

Concluímos esta seção esperando ter demonstrado ser possível estudar o internetês como possibilidades de representação da língua que estão fortemente associadas às possibilidades do dizer. Essas possibilidades são condicionadas por possibilidades de representação alfabética, enquanto sistema de escrita, e ortográfica, enquanto conjunto de regras que define o modo como as relações entre letras e sons devem ser estabelecidas para cada língua em particular. Fica, pois, o convite a professor e aluno lançarem mão de "lupas" para ampliar o campo de visão, adotarem espírito investigativo para construir hipóteses e, assim, assumirem postura imprescindível no estudo da língua.

5.2 Como estudar abreviatura digital?

Nesta seção, nosso objetivo é propor sugestões ao professor-
-pesquisador para conduzir atividades de reflexão sobre o funcio-

namento linguístico das abreviaturas, sejam as digitais ou as convencionais. Como argumentamos nos capítulos 2 a 4, abreviaturas se constituem como material de língua(gem) interessante para o estudo de práticas letradas/escritas em ambiente digital, o que permite investigar modos por meio dos quais falantes/escreventes estabelecem relações entre fala e escrita, entre práticas orais/faladas e letradas/escritas em português. Observamos que a tendência de expansão e a popularização de dispositivos móveis, a exemplo de aparelhos celulares, *smartphones*, computadores portáteis (*palmtops, notebooks, netbooks, tablets*), é um argumento a mais para que professor e aluno se voltem ao estudo da escrita e do processo de abreviação no contexto digital.

Para explorar possibilidades de atividades sobre abreviaturas, apresentamos abreviaturas que foram encontradas no material de divulgação do *Programa Trainee BASF 2014*, disponível em: http://www.youtube.com/watch?v=nnRmxkgPgLk (acesso em: mar. 2015). Também são interessantes para esta proposta as abreviaturas que apresentam conceitos-chaves da empresa a jovens talentos interessados em trabalhar nela. Essas abreviaturas estavam disponíveis na página oficial da empresa, quando do lançamento da campanha em 2014.

Por meio dessa campanha publicitária, se observa um diálogo entre características das abreviaturas de elementos químicos, material básico da empresa, e abreviaturas digitais, objeto de nossa investigação. Nesta seção, identificamos regularidades linguísticas presentes nas abreviaturas da campanha da BASF e as comparamos com abreviaturas da tabela periódica, por serem as que privilegiadamente estão em jogo nesse material. No capítulo 6 retomamos o texto publicitário da campanha, com o objetivo de refletir sobre gêneros de discurso que permitam a professor e aluno discutirem o tema "internetês". No quadro a seguir, apresentamos as abreviaturas da campanha, reproduzindo a distribuição espacial dessas abreviaturas (da qual tratamos mais detidamente no próximo capítulo) que as tornam "elementos químicos" básicos dessa campanha que visa atrair jovens talentos para atuar na empresa multinacional do setor petroquímico.

Quadro 7. Conjunto de abreviaturas da campanha de *trainee* da BASF 2014.

1	17	21		6	2014
Li	**I**	**Cr**		**In**	**Tr**
Liderança	Inovação	Criatividade		Industry	Trainee
10	14	22	16	4	
Em	**E**	**Dv**	**Of**	**St**	
Empreendedorismo	Equipe	Diversidade	Office	Sustentabilidade	
9	18		26		
Re	**A**		**Su**		
Responsabilidade	Abertos		Sucesso		

Quando os melhores componentes se juntam, a química acontece.

Aspectos verbo-visuais podem ser observados na apresentação dessas abreviaturas da campanha, como a disposição de cada abreviatura no centro de um quadro; a indicação de número no alto, à direita, do quadro; o uso de cores para os "elementos químicos" criados nessa campanha publicitária. À semelhança da tabela periódica, onde cores indicam grupos ou "famílias" a que pertencem os elementos químicos, as cores da "tabela periódica" da empresa também indicam certa organização de setores de atuação da empresa. E o que os números indicariam? Descobrir essa organização dada pelas cores, pelos números, demanda uma pesquisa, por exemplo, na página da empresa em: http://www.basf.com.br/sac/web/brazil/pt_BR/carreiras/oportunidades/programa-trainee (acesso em: mar. 2015). Tem-se aqui uma boa oportunidade de elaboração de projeto interdisciplinar com atividades da disciplina de química, explorando-se, dentre outras possibilidades, temas em torno da leitura de informações verbo-visuais. No capítulo 6, voltamos a comentar, de maneira mais atenta, esse processo de leitura.

Outro diálogo pode ser feito entre as disciplinas de português e inglês na medida em que "Tr" ("Trainee"), além de "Of" ("Office") e "In" ("Industry"), abreviaturas que compõem o quadro das abreviaturas da campanha de *trainee* da Basf, são relativas a palavras inglesas. Ao assistir ao vídeo da campanha de seleção de *trainees*, professor e aluno descobrirão que "Office" e "Industry" são as denominações das áreas da empresa (indicadas por cores distintas) em que estão abertas vagas para estágio.

E do ponto de vista linguístico? Em que essas abreviaturas se assemelham às demais abreviaturas formadas a partir de palavras em português brasileiro? Eis um eixo organizador do trabalho de reflexão sobre as abreviaturas: identificar regularidades linguísticas na formação de abreviaturas. Algumas questões podem orientar o professor no trabalho com o aluno:

- qual o critério de seleção das letras usadas nas abreviaturas na campanha publicitária?;
- podem ser identificadas regularidades nessas abreviaturas semelhantes àquelas do internetês ou semelhantes às dos elementos químicos?

Como sugestão sobre a forma como analisar essas abreviaturas, propomos tomar como ponto de partida o número de letras que constituem cada abreviatura. Quanto a esse aspecto formal, professor e aluno podem chegar ao seguinte conjunto de observações:

Quadro 8. Sugestões de tópicos de estudo a partir da campanha da BASF

• todas as abreviaturas são formadas por uma ou duas letras, como a grande maioria das abreviaturas dos nomes dos elementos químicos;
• quando formada por uma letra, essa corresponde à vogal que inicia a palavra. Vejamos: "I" (Inovação); "E" "Equipe"; "A" ("Abertos");
• quando formada por duas letras, a abreviatura pode ser de dois tipos, a saber:

a) as duas letras correspondem à primeira sílaba da palavra, que pode ser formada por CV, CC ou VC. Vejamos:

CV: "Li" ("Liderança"); "Su" ("Sucesso"); "Re" ("Responsabilidade");
CC: "Cr" ("Criatividade");
VC: "Em" ("Empreendedorismo");

b) cada uma das letras corresponde à primeira letra das duas primeiras sílabas da palavra. Vejamos: "St" ("Sustentabilidade"); "Dv" ("Diversidade");

• quatro das abreviaturas da campanha publicitária correspondem a abreviaturas de elementos químicos, a saber: "I" ("Iodo"); "Li" ("Lítio"); "Re" ("Rêmio"); "Cr" ("Crômio").

Feitas essas observações quanto à formação das abreviaturas que compõem a campanha publicitária, o professor pode lançar desafios ao aluno, como Sherlock Holmes lançava a John Watson, de identificar abreviaturas digitais que são semelhantes às abreviaturas estudadas, buscando garantir, dessa maneira, um diálogo entre as atividades de reflexão sobre o funcionamento da língua portuguesa feitas em ambiente escolar e práticas letradas/escritas tipicamente desenvolvidas em ambiente digital, notadamente aquelas descritas e analisadas sobre abreviaturas, nos capítulos 2 a 4 deste livro. Essa atividade de investigação pode ser feita "dentro" e "fora" do contexto digital, em diversos materiais, como procuramos expor no capítulo seguinte.

As propostas sugeridas abrangem apenas um dos vários aspectos que podem ser explorados a partir do material analisado. Neste capítulo, foram dados destaques para a investigação de características linguísticas das abreviaturas. No entanto, as práticas de leitura e escrita defendidas neste livro não se limitam à identificação de aspectos formais de seu funcionamento. Buscamos demonstrar, no próximo capítulo, como é possível que o professor planeje atividades de leitura e escrita que proporcionem, ao aluno, descoberta da escrita como modo de existir na linguagem, investigando *o que* e *como* se pode (ou não) dizer coisas ao outro a partir das posições sociais que são assumidas. Esperamos, ainda, que as propostas levem o professor-pesquisador a refletir sobre a complexidade da linguagem e das relações sociais.

6. PARA ONDE OLHAR: MARCAS ENUNCIATIVAS DO INTERNETÊS

Nosso objetivo neste capítulo é mostrar como a noção de escrita como modo de enunciação pode funcionar em práticas letradas/escritas na escola. Lembramos que essa concepção de escrita proposta e por nós adotada no capítulo 1 é aquela entendida como modo de existir na linguagem e poder enunciar, dizendo (ou não) coisas ao outro a partir de um lugar simbólico regulado por relações sociais e históricas. Dito de outro modo, a história de cada pessoa (na escola, mas também fora dela) é constituída por práticas sociais amplas partilhadas com outras pessoas (na escola, mas também fora dela), que também fazem a história da linguagem. Para o que nos interessa, esse modo de enunciação é, nas palavras do professor Manoel Luiz Gonçalves Corrêa (2004), fundado no encontro indissociável entre práticas sociais do oral/falado e do letrado/escrito. Acreditamos que essa reflexão diferenciada sobre língua, que se distancia de perspectiva que separa escrita da fala, numa caracterização homogênea de "modalidades", pode representar ganho para a formação do professor-pesquisador e do aluno comprometidos em refletir sobre a dinamicidade da língua e da produção de sentidos nas relações sociais. As propostas apresentadas neste capítulo visam auxiliar, pois, professor e aluno a assumirem esta reflexão.

Vamos buscar "olhar" para textos diversos com os quais professor e aluno podem trabalhar na escola de maneira produtiva na investigação do fenômeno "internetês". Esses textos podem ser encontrados com facilidade "dentro" e "fora" da rede, isto é, trata-se, em princípio, de produções com as quais professor e aluno têm contato direto ou indireto em situações do dia a dia, não restritas ao ambiente escolar. Ao privilegiar não apenas o estudo de textos escolares, mas também o de textos de circulação ampla, como textos publicitários e jornalísticos, procuramos enfatizar nosso interesse em formas enunciativas apreendidas nos diversos processos de interação concreta, em diferentes práticas sociais.

6.1 Publicidade

Retomamos a campanha publicitária da empresa petroquímica BASF, analisada com outros objetivos no capítulo 5. A imagem que destacamos no material de divulgação do *Programa Trainee BASF 2014* é a de uma pessoa que segura um cartaz em frente ao rosto, o que impossibilita dizer quem realmente ela é. Inicialmente, diríamos que uma pessoa qualquer poderia ocupar aquele lugar. Pela silhueta, trata-se de um homem que está vestido com camisa azul e calça preta sociais. "O elemento que faz a diferença.", parte do texto verbal da campanha, aparece na parte superior esquerda e é complementado pelo texto verbal do cartaz, em posição central: "Vc".

É sabido que a abreviação "vc" é frequentemente associada a práticas letradas/escritas do internetês. Nossa sugestão é que o professor de língua portuguesa comece a discussão com o aluno com base nesse fato da língua. Pode, assim, motivá-lo a ler o texto da campanha publicitária com "olhar de detetive", ,fazendo-lhe as seguintes perguntas:

• que texto é este? Como pode ser descrito?;

Texto 10

Fonte: Divulgação *Programa Trainee BASF 2014*. Disponível em: http://www.youtube.com/watch?v=keKsHinqqto. Acesso em: 4 dez. 2013.

- onde, provavelmente, este texto circula?;
- para quem este texto é preferencialmente dirigido?;
- esse texto (de publicidade) parece "conversar" com outros. Quais seriam esses textos?

Na investigação dessa campanha publicitária, professor e aluno podem observar:
- que todo texto coloca em evidência um propósito comunicativo, relacionado ao modo como aquele que fala/ouve e aquele que escreve/lê se relacionam numa dada situação, portanto, num determinado espaço, segundo convenções de grupos sociais aos quais se filiam de maneira direta e/ou indireta, num certo tempo histórico;
- que todo texto tem um modo de circulação "preferencial", em "suportes" que participam da produção dos sentidos, segundo o modo (social, histórico) como aquele que fala/ouve e aquele que escreve/lê se relacionam numa dada situação;
- que todo texto tem um leitor esperado, isto é, leitor entendido como interlocutor que se quer atingir, cujas necessidades são condicionadas pelo modo como aquele que escreve se relaciona (social, historicamente) com aquele que lê;

- que nenhum texto, enfim, é formado de maneira "pura", apenas por ele próprio, mas na relação (social, histórica) com outros textos.

Com efeito, o traço da *intertextualidade* ou de *dialogismo*, entendido, de maneira ampla, como caráter de interlocução sócio-histórica com outros textos letrados/escritos e/ou orais/falados, é princípio de constituição da linguagem, maneira produtiva de o professor-pesquisador auxiliar o aluno a refletir sobre o aparecimento e a circulação dos textos em práticas sociais diversas.

No caso dessa campanha publicitária, com finalidade de divulgação de processo seletivo de candidatos que estejam em último ano de curso superior ou que sejam recém-formados, "Vc" parece dialogar com, pelo menos, dois outros textos. Um primeiro texto seria qualquer um que apresentasse traços atribuídos ao internetês – a exemplo de abreviaturas –, na relação com novas tecnologias, aspecto certamente valorizado num candidato a uma vaga em empresa multinacional. Portanto, o uso de abreviatura seria um primeiro traço de relação desse texto com tecnologia. Afinal, o perfil dos potenciais contratados requer características como "disposição a aprender" por meio do entendimento das "atuais e futuras necessidades da sociedade", nos dizeres da empresa, e um profissional responsável, "sintonizado" com as novas tecnologias, pode atender a essa demanda de maneira muito mais eficiente. Outro traço de relação com a tecnologia, que aparece na parte inferior do texto verbal da abreviatura, é "*#traineeBASF*", em que a hashtag (#), ou o indexador para informação relevante que pode ser procurada na internet, aponta para o programa de treinamento da empresa.

Há, ainda, outro destaque a ser feito no processo de leitura investigativa dessa publicidade: o diálogo marcado que esse texto institucional estabelece com a disciplina "química".

Vejamos, a seguir, que há informações sobre cada elemento químico que, na versão da clássica tabela periódica de classificação dos elementos, estão dispostos em quadrados. Dentre as informações dos elementos químicos destacamos: número atômico (no alto), símbolo (ao centro), massa atômica (abaixo) – esses detalhes sobre quais informações são registradas em cada quadro podem ser mais bem visualizados à esquerda, na última linha, na tabela periódica.

TEXTO 11

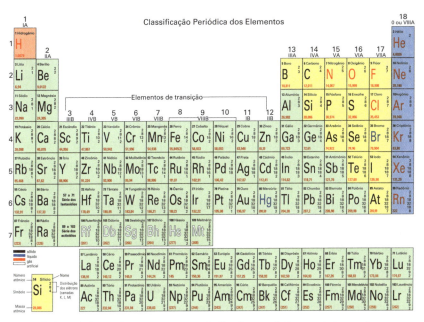

Esta tabela está de acordo com as recomendações de 2012 da Iupac e da Iupap. As diferentes cores indicam a classificação dos elementos em metais (verde), não metais (amarelo), gases nobres (azul) e hidrogênio (rosa).

O diálogo com a disciplina "química" aparece tanto na disposição espacial de informações do elemento químico, quanto nas informações que são substituídas: o símbolo de elemento da tabela periódica é substituído, no cartaz da campanha, pela abreviatura "Vc", a massa atômica é substituída pela *hashtag* "*#traineeBASF*" e, o "número atômico", indicado no lado superior direito do quadrado, é substituído pelo ano do programa, "2014".

Se o professor de língua portuguesa tiver a oportunidade de assistir ao vídeo da campanha publicitária que se encontra disponível para acesso gratuito no *site* de compartilhamento de vídeos *Youtube*, poderá conferir, com o aluno, como esse diálogo com a linguagem da internet e da química se mantém na criação de outros "elementos químicos" fictícios relacionados, na verdade, com interesses diversos da empresa, a exemplo de "Liderança" ("Li"), "Criatividade" ("Cr"), "Inovação" ("I"), "Sustentabilidade" ("St"), "Responsabilidade" ("Re"), dentre outros, analisados, de um ponto de vista mais propriamente linguístico, no capítulo 5. "Quando os melhores componentes se juntam, a química acontece.", *slogan* do Programa *Trainee BASF*, é, assim, construído no jogo enunciativo com "elementos químicos"... da linguagem!

Acreditamos, desse modo, que professor e aluno podem se perguntar se é possível escrever internetês em outros contextos que não seja o digital e o que torna legítimo o emprego de características do internetês em determinados textos e não em outros. Defendemos, como professor e aluno podem avaliar, que esse debate não pode ser simplificado ou reduzido a noções de "certo" ou "errado", de "adequado" ou "inadequado" no contexto da instituição escolar. Trata-se, sim, de ricas possibilidades da linguagem. Incentivamos o "olhar" rigoroso, não preconceituoso, tanto do aluno quanto do professor para "dentro" e para "fora" da rede como prática produtiva no estudo do internetês.

Vejamos, pois, outro texto, dessa vez advindo da divulgação científica em periódico de ampla circulação.

6.2 Divulgação científica

A professora Roxane Rojo (2008) é quem explicita que textos de divulgação científica e didáticos emergem de vontade política de "dar ao vulgo", isto é, "aos que falam a língua vulgar – o povo", "os bens culturais da ciência e do conhecimento". Por razões diversas, explica a professora Rojo, como mudanças sociais e históricas, transformação no cenário político e nas classes então dominantes, dentre outras, "a ciência foi um dos bens culturais [...] que entraram na disputa social como bens cobiçados a partir do final da Idade Média" (ROJO, 2008, p. 587-588). A divulgação científica continua, assim, até os dias atuais, sendo produzida por cientistas ou por jornalistas especializados, com o objetivo de divulgar conhecimento entre não especialistas, como lembra a professora Rojo, da forma mais abrangente possível.

Fica evidente que a escola, no cumprimento de sua função na formação acadêmica do aluno, tem interesse em gêneros da esfera científica, a exemplo de artigos, divulgados em revistas especializadas ou da chamada grande imprensa, e de reportagens e notícias em veículos jornalísticos. Um exemplo de publicação acessível a professores e alunos é a Revista *Superinteressante*, da Editora Abril, conhecida por ser publicação voltada a curiosidades da cultura e da ciência.

O professor pode sugerir ao aluno interessado em ciências esta e outras publicações disponíveis no mercado editorial brasileiro. Muitas dessas publicações têm versões eletrônicas, as quais, se não estão totalmente disponíveis para acesso gratuito, permitem ao leitor visualização de parte do conteúdo. É o caso da *Superinteressante*. A edição de maio de 2013 trazia na seção "Tecnologia" matéria com o título "PQ VCS GOSTAM TANTO DO YAHOO RESPOSTAS?". O professor pode perguntar ao aluno:

- por que essa revista de ampla circulação no país, considerada "séria", comprometida com o fato noticioso e a "verdade", publicaria um título como esse, escrito com abreviaturas?;
- por que a revista teria publicado o título todo em letras maiúsculas?;
- qual é a relação entre as imagens (texto verbo-visual) e o que está escrito (texto verbal) na composição dessa matéria jornalística, na produção de sentidos na linguagem?;
- quem é, afinal, o leitor esperado no processo de leitura dessa matéria de divulgação científica?

Do ponto de vista da adequação na escola, este seria, certamente, texto "condenado" a críticas. Acreditamos, no entanto, que este é um texto que pode "fazer render" o trabalho do professor-pesquisador. A exemplo dos materiais anteriores, o professor pode incentivar o aluno a ler o texto de maneira não restrita à mera "decodificação". O título em destaque, por exemplo, não aparece de maneira isolada, "solta"; deve ser interpretado com base em outras informações verbais e verbo-visuais que também são parte da, fazem a matéria. A seção é "Tecnologia" e o assunto, "Yahoo Respostas". Ora, seria preciso justificar de outra forma a escolha por abreviaturas na composição do título? O leitor esperado nessa atividade é aquele que está "conectado" com práticas inovadoras. Não cabe, portanto, perguntar se é "certo" ou "errado" escrever abreviaturas numa página de revista de divulgação científica, mas quais sentidos decorrem dessa escolha. Como descrever, por exemplo, os interesses do leitor esperado, projetado pelo autor da matéria? Se a motivação é a curiosidade, nada melhor, também, do que escolher a imagem de um jovem com megafone, que "grita" o título da matéria. Onde está escrito esse "gritar"? É por meio das letras maiúsculas em todas as letras das palavras do título, em contraste com a convenção de grafar título de reportagens com a primeira letra em maiúscula e as demais em minúsculas, que se indicia aumento do volume de voz. Essa "estratégia" letrada/escrita, discutida no capítulo 1, com base num texto extraído de perfil em rede social (Texto 1), se mostra, de fato, produtiva no estudo da escrita.

O professor-pesquisador ainda tem, com essa matéria de divulgação científica, a oportunidade de questionar com os alunos a credibilidade das fontes que se encontram disponíveis na rede. Pode ajudar o aluno a pensar:

- quais sites são dignos de confiança na tarefa de pesquisa escolar?;
- quais critérios científicos adotar no processo de busca de informação na internet?;

- como citar e fazer a devida referência a artigos de divulgação científica encontrados na internet, evitando-se, assim, o plágio involuntário?

O professor-pesquisador pode indicar portais e *sites* de instituições e de pesquisadores renomados vinculados a universidades públicas e particulares no país (e no mundo). Pode também indicar *sites* de periódicos da grande imprensa e de imprensa especializada, mostrando ao aluno que um modo de "filtrar" a informação na rede é observar a quem essa informação se filia, de quem/de onde essa informação "provém". Se se trata de pessoa/instituição renomada, reconhecida publicamente por pares, esse pode ser um critério científico a ser adotado. Nesse processo, o professor pode auxiliar o aluno a confrontar informações divergentes apresentadas por "fontes" distintas. Do ponto de vista das práticas acadêmicas de leitura e escrita, o aluno pode aprender a fazer anotações do material lido, observando, de maneira mais atenta, o que é dito no texto consultado e o que é, efetivamente, anotação de punho próprio, evitando-se, assim, plágio involuntário.

Com mais esta proposta, encorajamos professor e aluno a refletir, de maneira particularizada, sobre o modo como o internetês aparece em práticas sociais letradas/escritas não restritas ao ambiente virtual; de maneira ampla, sobre como a linguagem pode ser estudada de perspectiva não prescritiva, mas heterogênea, intertextual, dialógica.

No capítulo 7, apresentamos propostas de trabalho para produção textual escrita e reflexão sobre a língua(gem), considerando-se do 6º ao 9º anos do Ensino Fundamental.

7. PROPOSTAS DE TRABALHO COM INTERNETÊS NA ESCOLA

Acreditamos que uma maneira produtiva de o professor--pesquisador proporcionar ao aluno reflexão sobre a escrita como modo de enunciação é solicitar ao próprio aluno, na escola, produção textual escrita com o tema "internetês" e, com base nos textos produzidos, promover o debate de questões sobre linguagem e relações sociais, a exemplo das que são apresentadas a seguir.

Para a elaboração de propostas de produção textual escrita destinadas aos alunos do Ensino Fundamental II, portanto, dos 6º ao 9º anos, levamos em considerações documentos oficiais por considerá-los representativos de interesses mais amplos de uma sociedade, cujo processo de democratização de acesso a níveis educacionais vai além do ensino obrigatório na busca de resolução de problemas; implica trabalho em grupo de maneira cooperativa e reflexão sobre situações complexas como as que caracterizam uma sociedade de conhecimento, em que os cidadãos fazem uso de tecnologias.

Procuramos, pois, conceber este trabalho com produção textual escrita segundo diferentes situações de interação social com textos, buscando privilegiar práticas concretas de leitura e escrita com as quais os alunos se deparam no cotidiano "dentro" e "fora" da escola. De uma perspectiva dos documentos oficiais com os quais os professores lidam no cotidiano escolar, elegemos, na elaboração das propostas, as definições de "tipologia", na "organização interna básica de diferentes textos (narrar, relatar, prescrever, expor e argumentar)", e de "gênero textual", na relação dos textos com suas funções sociocomunicativas, tais como apresentadas para cada ano (PROPOSTA, 2008).

Apresentamos a seguir propostas de produção textual escrita em contexto escolar para cada ano do Ensino Fundamental II. Há apresentação de roteiros para o desenvolvimento de atividades de leitura e escrita e para o desenvolvimento de atividades de análise de usos do internetês. Ao final de cada proposta, há uma síntese de possíveis aspectos a serem avaliados pelo professor-pesquisador. Associadas às atividades sugeridas no capítulo 5, no estudo de abreviaturas digitais, e no capítulo 6, no desenvolvimento de atividades a partir de diferentes gêneros, as propostas que se seguem mostram de maneira sistematizada como o professor-pesquisador pode, de fato, refletir sobre o tema "internetês" em sala de aula.

7.1 Proposta para 6º ano

7.1.1 Roteiro para atividades de leitura e escrita

Para a proposição de roteiro de atividades, tomamos como ponto de partida o quadro a seguir, de tipologia e gêneros textuais para o 6º ano.

Quadro 9. Tipologia e gêneros textuais para 6º ano

Tipologia Narrativa
Gêneros textuais Conto, fábula, conto de fadas, crônica narrativa, narrativa de terror, narrativa de mistério, narrativa de aventura, história em quadrinhos, filme, dentre outros.

É sabido que traços característicos dos textos narrativos, a exemplo de enredo, personagem, foco narrativo, tempo, espaço podem ser trabalhados segundo noção de tempo verbal, articuladores temporais e espaciais, modo subjuntivo na narrativa, dentre outras características linguísticas. A elaboração de proposta de produção textual voltada a alunos de 6º ano deve levar em conta gêneros materializados em práticas de leitura e escrita que privilegiem ações de personagens, organizadas em enredo orientado segundo tempo e espaço determinados, segundo intrigas ("complicações") que evoluam para um clímax, o qual, por sua vez, culmine num desfecho. Levando em conta essas diretrizes, apresentamos a seguir objetivos e orientações para a elaboração de propostas de produção textual e escrita para essa turma.

Quadro 10. Orientações para elaboração de proposta para alunos de 6º ano

| **Objetivos** |
| 1) levar o aluno a refletir sobre o internetês na prática de leitura e na produção escrita de narrativa; |
| 2) identificar abreviaturas como uma das características do internetês. |
| **Orientações** |
| 1) escolha um texto empírico, em circulação na sociedade; |
| 2) crie uma situação em que o aluno possa se envolver, se projetar como participante real e concreto, colocando-se a refletir sobre a temática a ser proposta; |
| 3) apresente instruções específicas, segundo os objetivos que pretende atingir com o aluno. |

Parece óbvio que a escolha de texto empírico deva envolver, pelo menos, um elemento relacionado a ou reconhecido como do domínio das novas tecnologias, considerando-se a existência de fator motivador da discussão do tema. Assim, é esperado que, por exemplo, numa crônica narrativa os personagens estejam envolvidos numa intriga em que elementos diretamente associados ao tema internetês apareçam, como computador, internet, tecnologias de uma maneira geral ou ainda abreviaturas, *emoticons*, ausência ou excesso de pontuação, dentre outros.

Queremos, no entanto, destacar que até mesmo narrativas que não apresentam elementos diretamente associados ao internetês podem ser trabalhadas pelo professor-pesquisador em sala de aula. É o que propõem as professoras Luciani Tenani e

Sanderléia Roberta Longhin (2014), da Universidade Estadual Paulista (Unesp), às então 5ª a 8ª séries do Ensino Fundamental de uma escola pública no interior do Estado de São Paulo. Parte das propostas que se seguem foram extraídas dessa Oficina, tendo sido adaptadas aos propósitos deste livro.

Quadro 11. Sugestão de proposta para alunos de 6º ano

Uso de HQ do Chico Bento, de autoria de Maurício de Sousa, de grande apelo entre as crianças da faixa etária do 6º ano

Em uma das histórias em quadrinhos, intitulada "Dia divertido", havia dois quadros lado a lado, sugerindo uma comparação entre os cotidianos vividos por Chico Bento e seu primo da cidade. O primeiro quadro trazia o que cada um fazia ao acordar e, em seguida, para passar o dia. Enquanto Chico se encontrava na zona rural, pescava e nadava no rio, o primo acordava na zona urbana em meio a prédios, jogava *videogame* e nadava numa piscina de plástico.

Instruções da proposta

Observe os quadrinhos do Chico Bento e seu primo da cidade.
Chico Bento e seu primo fazem coisas parecidas ao longo do dia, mas cada um não sabe o que o outro faz.
Suponha que você, como o Chico Bento, tenha ouvido falar sobre a possibilidade de contar sobre as coisas que faz por meio da internet.
Escreva uma carta ao seu primo da cidade, pedindo para ele contar o que é internet e como se faz para mandar mensagem por meio do MSN.

Cabe observar que alternativamente à proposta de "carta", o professor pode propor outro gênero textual, levando em consideração o planejamento escolar feito para o 6º ano. Vale enfatizar que, com base em história em quadrinhos, o professor-pesquisador pode proporcionar ao aluno uma situação em que esse último é convidado a refletir sobre o internetês em atividade de leitura e escrita. Não é preciso, pois, que o texto empírico escolhido tenha um elemento diretamente associado ao internetês. O professor pode apresentar essa proposta aos alunos, valendo-se de textos que sejam do interesse deles. A tecnologia do MSN pode ser substituída por outra de comunicadores instantâneos – por exemplo, a de *WhatsApp* em dispositivo móvel, como o celular –; o que importa para o professor-pesquisador é apresentar elementos (como internet, mensagem por MSN) com os quais o aluno possa trabalhar na tipologia narrativa. Essa sugestão, entretanto, deve ser observada de maneira salutar pelo professor-pesquisador sempre atento a práticas sociais nas quais seus alunos possam estar imersos. Ou seja, se os alunos usarem tecnologias de comunicação on--line, então, cabe a proposta de produção escrita com menção a *WhatsApp*, por exemplo; se, por sua vez, os alunos não usarem essa tecnologia, cabe a proposta de produção escrita de eles produzirem um texto solicitando informação sobre usos de tecnologias de comunicação, por meio da qual se observa o uso do internetês.

7.1.2 Roteiro para atividades de análise de usos do internetês

Com base nas instruções precedentes, o aluno poderá produzir textos como o que se segue:

TEXTO 13

Fonte: Banco de dados de escrita do Ensino Fundamental II, texto Z08_5C_02F_04.

Apresentamos a seguir transcrição do texto original:

São José do Rio Preto, 14 de outubro de 2008
Caro primo XXXXXX
XXXXXX gostaria que você explicasse uma coisa, aquele site no computador chamado de "MSN" como faz para ter um, é preciso do que? Me falaram que se você se cadastrar você pode conversar com as pessoas, até de outro estado? É verdade isso? E como chama aquelas carinhas que você manda pelo MSN?

Teve um dia que eu fui na casa da Gabi e ela estava na internet conversando com sua amiga, ela abreviava um montão de palavras tipo: vc, pq, bjs, dp, que eu não entendi nada. Aaa, a letra do computador dela era colorida e as carinhas nem se fala ela tem um montão. Uma era de rir, a outra de chorar, a outra tinha uma boca, e etc.

Bom, mas preciso de você para fazer um para mim. Manda um abraço para Kamila e pra tia Gi.

Tchau. Um abraço de sua prima
XXXXXX

Observamos que, nessa atividade, não é de interesse do professor-pesquisador ressaltar, em sala de aula, de quem é a autoria do texto em análise, mas, sim, como o que é dito pode suscitar questões interessantes sobre a linguagem. Assim, os textos apresentados para debate em sala de aula não precisam ser identificados e o nome do aluno pode ser "apagado" se for projetado em *slide* ou copiado para ser comentado em grupo.

Para tornar explícita a relação entre questões teóricas sobre língua/linguagem e reflexões em sala de aula, apresentamos, no quadro que segue, sugestões de organização do trabalho com abreviaturas digitais, um exemplo do potencial trabalho com internetês em sala de aula, a partir da discussão do Texto 13.

Quadro 12. Sugestão de trabalho com internetês para alunos de 6º ano

Objetivos
1) identificar características do internetês, como presença de *emoticons* e abreviaturas, dentre outros elementos que venham a ser apontados pelos alunos em sala de aula;
2) refletir sobre efeitos de sentidos de, por exemplo, *emoticons* e abreviaturas em ambiente digital;
3) identificar características linguísticas das abreviaturas digitais em comparação com formas convencionais.

Atividades
1) apresentar textos extraídos da internet, jornais ou revistas que tenham abreviaturas digitais;
2) identificar, para cada palavra abreviada, a grafia convencional;
3) comparar as abreviaturas digitais identificadas com as grafias convencionais, identificando quais são as relações letra-som nas abreviaturas digitais e nas palavras convencionais e explicitando-se as convenções ortográficas;
4) retomar o texto do qual foram extraídas abreviaturas digitais após atividade metalinguística e discutir que sentidos podem ser explicitados quando do uso de abreviaturas e quando do uso de grafias convencionais.

Com base no Texto 13, o professor-pesquisador pode debater com o aluno:

- o que é escrita na internet ou internetês;
- quais as características atribuídas a essa escrita.

O embasamento para a discussão sobre o que é internetês pode ser feito com a retomada do capítulo 1, de modo mais específico, articulando aos tópicos que podem ser encontrados nos textos dos alunos. Por exemplo: da menção a "carinhas" no Texto 13, vale a observação de que essas fazem referência a sentimentos humanos (riso, choro) frequentemente associados a situações de encontro presencial face a face, o que pode render debate sobre a relação entre fala e escrita, como discutido no capítulo 1, considerando-se que essas "carinhas" são símbolos escritos. Assim, proximidade ou distanciamento entre os interlocutores podem ser detectados pela maneira como linguisticamente são construídas essas relações de interlocução, de diálogo face a face ou não, nos textos falados e escritos.

As abreviaturas, por sua vez, podem ser apresentadas pelo professor-pesquisador ao aluno com base na seleção de tópicos dos capítulos de 2 e 3. O professor-pesquisador pode, ainda, destacar que a cor na "letra do computador" – mas também em qualquer outro registro gráfico – é um elemento importante na constituição do texto e a escolha de cada uma aponta para sentidos que se quer produzir na linguagem.

Feitas essas propostas de trabalho do internetês em sala de aula, elaboramos, a seguir, um quadro síntese de possíveis aspectos a serem trabalhados pelo professor-pesquisador no desenvolvimento de propostas para o 6º ano.

Quadro 13. Síntese de propostas para alunos de 6º ano

Tipologia textual   Narrativa
Gêneros textuais   Conto, fábula, conto de fadas, crônica narrativa, narrativa de terror, narrativa de mistério, narrativa de aventura, história em quadrinhos, filme, dentre outros.
Objetivos da proposta   1) levar o aluno a refletir sobre o internetês na prática de leitura e na produção escrita de narrativa;   2) identificar abreviaturas como uma das características do internetês.
Orientações para produção textual   1) escolha um texto empírico, em circulação na sociedade;   2) crie uma situação em que o aluno possa se envolver, se projetar como participante real e concreto, colocando-se a refletir sobre a temática a ser proposta;   3) apresente instruções específicas, segundo os objetivos que pretende atingir com o aluno.
Objetivos das atividades sobre internetês   1) identificar características do internetês, como presença de *emoticons* e abreviaturas, dentre outros elementos que venham a ser apontados pelos alunos em sala de aula;   2) refletir sobre efeitos de sentidos de, por exemplo, *emoticons* e abreviaturas em ambiente digital;   3) identificar características linguísticas das abreviaturas digitais em comparação com formas convencionais.

> **Atividades com internetês**
> 1) apresentar textos extraídos da internet, jornais ou revistas que tenham abreviaturas digitais;
> 2) identificar, para cada palavra abreviada, a grafia convencional;
> 3) comparar as abreviaturas digitais identificadas com as grafias convencionais, identificando quais são as relações letra-som nas abreviaturas digitais e nas palavras convencionais e explicitando-se as convenções ortográficas;
> 4) retomar o texto do qual foram extraídas abreviaturas digitais após atividade metalinguística e discutir que sentidos podem ser explicitados quando do uso de abreviaturas e quando do uso de grafias convencionais.

7.2 Proposta para 7º ano

7.2.1 Roteiro para atividades de leitura e escrita

Para a proposição de roteiro de atividades, tomamos como ponto de partida o quadro, a seguir, de tipologia e gêneros textuais para o 7º ano.

Quadro 14. Tipologia e gêneros textuais para 7º ano

Tipologia
Relato
Gêneros textuais
Relato de experiência vivida/Carta pessoal/Notícia de jornal

É característica do relato o registro de situação vivida por pessoa "real" num tempo tomado como "real". Essa menção a uma realidade do mundo com a qual se lida se oporia a uma mobilização de elementos do mundo da imaginação, no caso das narrativas. A elaboração de proposta de produção textual voltada a alunos de 7º ano deve levar em conta, pois, gêneros materializados em práticas de leitura e escrita que privilegiem o registro de ações humanas reais. No que se refere a características linguísticas, esse registro pode ser trabalhado segundo elementos coesivos e conectivos (preposição, conjunção), em termos de frase e oração, marcadores de tempo e lugar, pontuação, interjeição e, para o que nos interessa de maneira particular, na investigação dos registros de "oralidade" e "escrita" em diferentes textos. No 7º ano, a tipologia do relato é trabalhada, principalmente, em gêneros como relato de experiência vivida, carta pessoal, notícia de jornal. A seguir, são dadas orientações para elaboração de proposta de atividades de leitura e escrita para essa turma.

Quadro 15. Orientações para elaboração de proposta para alunos de 7º ano

Objetivos
1) levar o aluno a refletir sobre o internetês na prática de leitura e na produção escrita de relato;   2) identificar diferenças e semelhanças na fala e na escrita.
Orientações
1) escolha um texto empírico, em circulação na sociedade;   2) promova a leitura dos textos escolhidos em diferentes suportes e situações de comunicação;   3) crie uma situação em que o aluno possa se envolver, se projetar como participante real e concreto, colocando-se a refletir sobre a temática a ser proposta.

Uma sugestão de atividade, adaptada da proposta das professoras Luciani Tenani e Sanderléia Roberta Longhin (2008), é a seguinte:

Quadro 16. Sugestão de proposta para alunos de 7º ano

Uso da página de abertura de uma comunidade virtual voltada a adolescentes, disponível numa rede social da internet
É cada vez mais popular em redes sociais da internet a criação das chamadas comunidades virtuais, em que pessoas com interesses afins se reúnem para relatar e partilhar informações, conhecimentos, experiências vividas. A rede social *Orkut*, bastante popular nos anos 2000, hospedava uma dessas comunidades intitulada "Adolescente sofre", cuja descrição consistia em dividir "agruras" da vida de adolescente, como "ter de cuidar do irmão mais novo", "ter de estudar" e "nunca ter razão".
Instruções da proposta
De acordo com o criador da comunidade, adolescente sofre por vários motivos. Você é um adolescente, portanto, passa por algumas daquelas situações colocadas pelo criador da comunidade.   Escreva um texto relatando um ou mais episódios em que sofreu por ser adolescente ou, caso discorde do criador da comunidade e nunca tenha sofrido por ser adolescente, relate episódios de sua adolescência, argumentando por que adolescente não sofre.

Cabe observar que, alternativamente à proposta de "relato de experiência vivida", o professor-pesquisador pode propor outro gênero textual, levando em consideração o planejamento escolar feito para o 7º ano. Com base nesse relato de experiência vivida pelo suposto adolescente criador da comunidade virtual, o professor-pesquisador pode proporcionar ao aluno uma situação em que esse último é convidado a refletir sobre a própria condição de adolescente. O professor-pesquisador pode explorar as diferentes situações em que o aluno, como adolescente, se coloca ou é colocado – ora como "irmão", portanto, como membro da família, ora como "estudante", portanto, como membro da comunidade escolar – e, auxiliando o aluno a se projetar nessas diferentes situações, levá-lo a discutir diferenças entre fala e escrita, segundo relação sócio-histórica prevista e estabelecida entre interlocutores. Por exemplo, nas relações familiares, a condição de filho(a)/irmão(ã) "prevê" que uma possível prática letrada/escrita com os demais membros da família seja a troca de bilhetes ou de cartas pessoais, em práticas orais/faladas, e as interações podem ser caracterizadas por informalidade e uso de gírias ("tá", "mina"). No contexto escolar, a condição de colega de turma poderia permitir, na escrita, troca de bilhetes e de cartas pessoais, e, na fala, informalidade e gírias, mas a condição de aluno "imporia" outras práticas caracterizadas pelo emprego da norma culta. Essa percepção do aluno é de fundamental importância para sua formação acadêmica e sua atuação como cidadão nas mais diversas práticas sociais.   •

7.2.2 Roteiro para atividades de análise de usos do internetês

Com base nas instruções precedentes, o aluno poderá produzir textos como o que se segue:

Texto 14

> *Até que prove ao contrario*
>
> *Adolescente sofre sim. E que me apresentem um que discorde disso.*
> *Eu por exemplo.*
> *A mãe da minha Amiga agente iam ne uma balada. Ah minha mãe tinha ate deixado condo chegou na hora AH A mãe dela falou que ela ia ficar de castigo. Porque ela tinha tirado uma nota vermelha na materia au matematica e a professora falou para a amiga da mãe da minha Amiga que ela não fazia nada dentro da sala de aula e só ficava andando e falando.*
> *A mãe da minha amiga ficou muito brava. porque a minha amiga não tinha falado da reunião porque ela sabia que ela tinha tirado nota vermelha e agente não foi na balada eu fiquei o fim de semana em casa foi oriver.*

Fonte: Banco de dados de escrita do Ensino Fundamental II, texto Z09_6D_14F_05.

Apresentamos a seguir transcrição do texto original:

Até que prove ao contrario
Adolescente sofre sim. E que me apresentem um que discorde disso.
Eu por exemplo.

A mãe da minha Amiga agente iam ne uma balada. Ah minha mãe tinha ate deixado condo chegou na hora AH A mãe dela falou que ela ia ficar de castigo. Porque ela tinha tirado uma nota vermelha na materia de matematica e a professora falou para a amiga da mãe da minha Amiga que ela não fazia nada dentro da sala de aula e só ficava andando e falando.

A mãe da minha Amiga ficou muito brava porque a minha amiga não tinha falado da reunião porque ela sabia que ela tinha tirado nota vermelha e agente não foi na balado eu fiquei o fim de semana em casa foi oriver.

Para tornar explícita a relação entre questões teóricas sobre língua/linguagem e reflexões em sala de aula, apresentamos, no quadro que segue, sugestões de organização do trabalho com abreviaturas digitais, um exemplo do potencial trabalho com internetês em sala de aula, a partir da discussão do Texto 14.

Quadro 17. Sugestão de trabalho com internetês para alunos de 7º ano

Objetivos
1) identificar características do internetês, como presença de *emoticons* e abreviaturas e ausência de acento, dentre outros elementos que venham a ser apontados pelos alunos em sala de aula;
2) identificar características linguísticas das abreviaturas digitais em comparação com abreviaturas convencionais;
3) caracterizar abreviaturas (digitais e convencionais) como resultados de processos por meio dos quais partes da palavra são retiradas (processos não concatenativos), e contrastar esses processos com os de formação de palavras que se caracterizam pela aglutinação de afixos (como derivação por sufixação e prefixação).

Atividades
1) apresentar textos extraídos da internet, jornais ou revistas que tenham abreviaturas digitais e textos com abreviaturas convencionais;
2) identificar, para cada palavra abreviada, a grafia convencional;
3) comparar as abreviaturas identificadas com suas respectivas grafias convencionais, identificando quais são as relações letra-som nas abreviaturas (digitais e convencionais) e nas respectivas palavras convencionais, explicitando-se as convenções ortográficas;
4) comparar abreviaturas digitais com abreviaturas convencionais, identificando características em comum;
5) comparar abreviaturas com processos aglutinativos, identificando características gerais de formação de palavras do português;
6) retomar os textos dos quais foram extraídas abreviaturas digitais e convencionais após atividade metalinguística e discutir que sentidos podem ser explicitados quando do uso de abreviaturas e quando do uso de grafias convencionais.

A proposta de desenvolvimento de atividade de leitura e escrita que apresentamos parte de página de uma comunidade virtual numa rede social da internet, o que não implica que a produção textual escrita seja caracterizada por traços do internetês, caso do Texto 14. A introdução da reflexão sobre a escrita na internet pode ser feita pelo professor-pesquisador por meio da proposta de discutir com o aluno, em sala de aula, que alterações escritas cada um faria no (seu) texto se esse fosse postado na página eletrônica da rede social da qual se extraiu a proposta de produção textual. O embasamento teórico sobre essa reflexão é encontrado no capítulo 1 deste livro. A apresentação de textos com abreviaturas e *emoticons* permite ao professor-pesquisador discutir, por um lado, características do internetês e, por outro lado, características da escrita convencional, como sugerido no quadro anterior.

Cabe observar que o Texto 14 traz grafias de palavras para o professor-pesquisador discutir os chamados "erros" ortográficos, a exemplo de "oriver" ("horrível") e "condo" ("quando"), além de ausência de acentos gráficos (cf. grafias de "matéria", "matemática") e hipossegmentação de palavras (cf. "agente", quando previsto "a gente"). Questões de ortografia são facilmente exploradas por meio da análise de abreviaturas, como exemplificado nos capítulos 3 a 4.

A abreviatura "AH" ("agá") dá oportunidade para o professor--pesquisador levar o aluno a refletir sobre o uso dessa abreviatura em texto escolar ao lado de usos das abreviaturas em redes sociais. Além de refletir sobre sentidos partilhados socialmente acerca de usos de abreviaturas em ambiente escolar, a explicitação de que há abreviaturas digitais e abreviaturas convencionais é outro ponto de ancoragem de reflexões sobre a que práticas sociais estão associados usos de palavras abreviadas ou grafadas convencionalmente.

Somadas a essas reflexões sobre grafias das palavras, vale o empenho do professor-pesquisador em ampliar o olhar do aluno para aspectos formais das abreviaturas (convencionais e digitais) em contraste com características formais de processos de formação de palavras, visando a refinar o conhecimento explícito sobre características linguísticas das palavras da língua portuguesa.

Feitas essas propostas de trabalho do internetês em sala de aula, elaboramos, a seguir, um quadro síntese de possíveis aspectos a serem trabalhados pelo professor-pesquisador no desenvolvimento de propostas para o 7º ano.

Quadro 18. Síntese de propostas para alunos de 7º ano

Tipologia textual
Relato

Gêneros textuais
Relato de experiência vivida, carta pessoal, notícia de jornal.

Objetivos da proposta
1) levar o aluno a refletir sobre o internetês na prática de leitura e na produção escrita de relato; 2) identificar diferenças e semelhanças na fala e na escrita.

Orientações para produção textual
1) escolha um texto empírico, em circulação na sociedade; 2) promova a leitura dos textos escolhidos em diferentes suportes e situações de comunicação; 3) crie uma situação em que o aluno possa se envolver, se projetar como participante real e concreto, colocando-se a refletir sobre a temática a ser proposta.

Objetivos das atividades sobre internetês
1) identificar características do internetês, como presença de *emoticons* e abreviaturas e ausência de acento, dentre outros elementos que venham a ser apontados pelos alunos em sala de aula; 2) identificar características linguísticas das abreviaturas digitais em comparação com abreviaturas convencionais; 3) caracterizar abreviaturas (digitais e convencionais) como resultados de processos por meio dos quais partes da palavra são retiradas (processos não concatenativos), e contrastar esses processos com os de formação de palavras que se caracterizam pela aglutinação de afixos (como derivação por sufixação e prefixação).

Atividades com internetês
1) apresentar textos extraídos da internet, jornais ou revistas que tenham abreviaturas digitais e textos com abreviaturas convencionais; 2) identificar, para cada palavra abreviada, a grafia convencional; 3) comparar as abreviaturas identificadas com suas respectivas grafias convencionais, identificando quais são as relações letra-som nas abreviaturas (digitais e convencionais) e nas respectivas palavras convencionais, explicitando-se as convenções ortográficas; 4) comparar abreviaturas digitais com abreviaturas convencionais, identificando características em comum; 5) comparar abreviaturas com processos aglutinativos, identificando características gerais de formação de palavras do português; 6) retomar os textos dos quais foram extraídas abreviaturas digitais e convencionais após atividade metalinguística e discutir que sentidos podem ser explicitados quando do uso de abreviaturas e quando do uso de grafias convencionais.

7.3 Proposta para 8º ano

7.3.1 Roteiro para atividades de leitura e escrita

Para a proposição de roteiro de atividades, tomamos como ponto de partida o quadro, a seguir, de tipologia e gêneros textuais para o 8º ano.

Quadro 19. Tipologia e gêneros textuais para 8º ano

Tipologia Descrição e injunção
Gêneros textuais Receita, bilhete prescritivo, anúncio publicitário, folheto prescritivo etc.

A tipologia prescritiva é concebida em gêneros textuais que apresentam orientações de como as pessoas devem se comportar diante de determinada situação. De um ponto de vista linguístico, é sabido que o emprego do modo imperativo nas variedades padrão e coloquial caracteriza esses textos. O professor-pesquisador interessado em discutir tipologia prescritiva pode trabalhar o conceito de verbo, o modo indicativo (no estudo de verbos regulares e irregulares), o imperativo negativo, além de discutir como e por que usar gramática normativa, como realizar pesquisas em dicionários, como empregar "tu", "vós" e refletir sobre variedades linguísticas. No 8º ano, essa tipologia pode ser estudada em gêneros como receita, bilhete prescritivo, anúncio publicitário, folheto prescritivo etc.

Quadro 20. Orientações para elaboração de proposta para alunos de 8º ano

Objetivos 1) levar o aluno a refletir sobre o internetês na prática de leitura e na produção escrita de gêneros prescritivos; 2) refletir sobre as diferentes perspectivas que compõem um texto, considerando-se a intertextualidade como traço da linguagem.
Orientações 1) escolha um texto empírico, em circulação na sociedade; 2) promova a leitura do texto escolhido em diferentes suportes e situações de comunicação; 3) crie uma situação em que o aluno possa se envolver, se projetar como participante real e concreto, refletindo sobre a temática a ser proposta.

Uma sugestão de atividade, adaptada da proposta das professoras Luciani Tenani e Sanderléia Roberta Longhin (2008), é a seguinte:

Quadro 21. Sugestão de proposta para alunos de 8º ano

Uso de textos da mídia e de comentários provenientes de comunidades virtuais de redes sociais da internet

Apresentação de diferentes excertos que apontam para opiniões distintas sobre o internetês. Os dois primeiros, oriundos de comentários ao tema internetês numa comunidade virtual, mostram posicionamentos distintos, favorável e contrário a essa prática de escrita. O terceiro excerto é um comentário de um professor de linguística sobre o internetês e foi publicado numa revista especializada em língua portuguesa.

Instruções da proposta

Muito se tem falado sobre o internetês, que seria o português escrito na internet. Pais, preocupados com o desempenho escolar de seus filhos, dizem que a prática dessa escrita no computador prejudica o aprendizado da língua portuguesa. Professores discutem como a escola deve agir para que os alunos usuários da internet produzam textos escritos em língua portuguesa. Usuários da rede, por sua vez, dividem-se entre os que acreditam que internetês é e os que acreditam que internetês não é língua portuguesa. Leia as diferentes posições sobre o internetês exemplificadas nos textos abaixo.

TEXTO 1. Eu EsCrEvO AxIm, QI o ProBlemA? 24/02/2006 19:59
PUTZ...EU Ñ SEI PQ V'6S NUM GOSTAM DE MQ ESCREVE AXIM???... NOS SAIMOS DA ROTINA D ESCREVER CERTINHO. AFF..XEGA 1 HRO Q ENJOUA, TD MUNDO IGUAL...TD A MESMA COISA, ESCREVENDO AXIM VC MOSTRAR SUA PERSONALIDADE, TIPO ESCREVER AXIM É UMA MANEIRA D "MOSTRAR" SEU ESTILUUU.
EU PENSO AXIM E V'6S????
T.

Tópico: Eu EsCrEvOAxIm, QI o ProBlemA? Na Comunidade *Eu OdEiU GeNTi ki IsKreVi AxIM*
Fonte: http://www.orkut.com/Community.aspx?cmm=71402. Acesso em: 23 maio 2006.

TEXTO 2. meu Deus 25/02/2006 16:21
"T." vc escreve desse jeito sempre?
que isso?
se fosse pra sair da rotina da escola ninguém entraria nela não acha?
Se fosse para todo mundo ter seu próprio "estilo" como vc diz, ninguém passaria anos estudando a língua portuguesa... eu acho uma tremenda falta de respeito com o nosso idioma que é tão cheio de normas que foram criadas para serem cumpridas vc sabia? Bom acho que vc não sabe não... é muito pra sua cabecinha ok?
K.

$\rightarrow$

> Tópico: Eu EsCrEvOAxIm, QI o ProBlemA? Na Comunidade *Eu OdEiU GeNTi ki IsKreVi AxIM*
> Fonte: http://www.orkut.com/Community.aspx?cmm=71402. Acesso em: 23 maio 2006.
>
> **TEXTO 3.** Uma coisa é a grafia; outra, a língua. Não há linguagem nova, só técnicas de abreviação no internetês. As soluções gráficas são até interessantes, pois a grafia cortada é a vogal. A palavra "cabeça", por exemplo, vira "kbça", e não "aea".
> Sírio Possenti, professor de linguística da Unicamp. In: Marconato, S. A revolução do internetês. *Revista Língua Portuguesa*, ano 1, n. 5, p. 24, 2006.
>
> Com base em seus conhecimentos e nas opiniões expressas nos textos dados, escreva uma carta à pesquisadora da Unesp expressando sua opinião se **o internetês é ou não é língua portuguesa.**

Cabe observar que, alternativamente a essa proposta em que o aluno deve expressar em carta sua opinião, trabalhando a tipologia injuntiva, dizendo, portanto, se internetês "é" ou "não é" língua portuguesa, o professor-pesquisador pode propor outro gênero textual, levando em consideração o planejamento escolar feito para o 8º ano. Com base em diferentes perspectivas, favoráveis e contrárias ao internetês, o professor-pesquisador pode convidar o aluno a refletir sobre o tema, de modo específico, e sobre a linguagem, de modo amplo, se se considerar que a relação entre textos – a *intertextualidade* ou o *dialogismo* – é condição de existência da própria linguagem, como discutido no capítulo 6. Destacamos que o professor pode "situar" o aluno em relação a esses diferentes posicionamentos já na instrução da atividade, ao enumerar, por exemplo, o que pensam pais, professores, usuários da rede a propósito do internetês. Esta orientação de situar o aluno quanto a determinado assunto, sem "direcioná-lo" de acordo com argumento único, parece, de fato, ser a mais interessante e produtiva no processo de produção textual escrita. Trata-se da oportunidade de o estudante colocar em confronto diferentes perspectivas de que a linguagem é feita e apresentar, enfim, um ponto de vista "seu". O fato de se apresentar textos materializados em gêneros vinculados a diferentes situações de comunicação, as quais envolvem interlocutores distintos, corrobora, enfim, concepção de heterogeneidade de textos em circulação numa sociedade. De nossa perspectiva, esse trabalho com diversidade de gêneros, segundo diferentes perspectivas sobre um "mesmo" tema, apenas pode enriquecer a formação acadêmica do aluno e levá-lo, como cidadão, a identificar diferentes posicionamentos assumidos pelas pessoas na sociedade em que vive.

7.3.2 Roteiro para atividades de análise de usos do internetês

Com base nas instruções precedentes, o aluno poderá produzir textos como o que se segue:

TEXTO 15

Fonte: Banco de dados de escrita do Ensino Fundamental II, texto Z08_7D_21F_04.

Apresentamos a seguir transcrição do texto original:

Cada um tem uma opinião diferente!

Em minha opinião, cada um tem uma escrita, e todas elas vão dar na mesma palavra. Por exemplo, "vc"[42] ou "vc" ("VC") como o pessoal escreve; não vai fazer diferença quando falar "você". As pessoas no MSN ou outro "bate-papo", entendem dos dois jeitos as duas formas de falar. Então, se elas entendem porque falar do modo certo, se você pode abreviar para digitar menos?

Muitas pessoas falam (+ as mães) que se você fica digitando abreviado toda hora, você pode ir mal na escola, por se acostumar com a linguagem abreviada.

Isso eu acho certo, porque, a pessoa se acostuma tanto com a linguagem abreviada, que as vezes sem querer, começa a escrever errado até na escola, ou em um curriculo, prejudicando ela, por causa do "vício" em ficar no mundo da linguagem abreviada.

Resumindo: eu acho certo que a pessoa também use a linguagem abreviada, pq até eu mesma uso ela, mas não ao extremo!

Por isso, o meu concelho é: use a linguagem abreviada na hora certa, porque você também não sabe se a pessoa do outro lado (que está falando com você) tem uma outra linguagem, e não respeite a sua (mesmo sendo errado isso).

A partir do Texto 15, o professor-pesquisador pode trabalhar com o internetês em sala de aula. Para tornar explícita a relação entre questões teóricas sobre língua/linguagem e reflexões em sala de aula, apresentamos, no quadro que segue, sugestões de organização do trabalho com abreviaturas digitais, um exemplo do potencial trabalho com internetês em sala de aula.

---

42 No texto original, o aluno propõe a abreviatura de "você" com circunflexo em "c", o que não é possível reproduzir com o teclado do computador. Uma hipótese explicativa é que, com base numa informação letrada/escrita (a de que a palavra "você" é grafada com acento), ele busca mostrar uma maneira (manuscrita) de grafar "você" em internetês. Outras duas maneiras seriam abreviar a palavra apenas em letras minúsculas ("vc") ou apenas em letras maiúsculas ("VC").

Quadro 22. Sugestão de trabalho com internetês para alunos de 8º ano

Objetivos
1) identificar características do internetês, como presença de *emoticons* e abreviaturas, ausência de acentos, dentre outros elementos que venham a ser apontados pelos alunos em sala de aula;
2) identificar características linguísticas das abreviaturas digitais em comparação com abreviaturas convencionais; 3) caracterizar abreviaturas (digitais e convencionais) como resultados de processos por meio dos quais partes da palavra são retiradas (processos não concatenativos); contrastar com processos de formação de palavras que se caracterizam pela aglutinação de afixos (como derivação por sufixação e prefixação);
4) levar os alunos à sistematização de características formais de abreviaturas do português e à identificação de efeitos de sentidos decorrentes dos usos dessas formas abreviadas.

Atividades
1) apresentar textos extraídos da internet, jornais ou revistas que tenham abreviaturas digitais e textos com abreviaturas convencionais;
2) identificar, para cada palavra abreviada, a grafia convencional e explicitar, se necessário, regras ortográficas;
3) comparar abreviaturas digitais com abreviaturas convencionais, identificando características comuns e distintas entre elas;
4) identificar tipos de abreviaturas por meio da sistematização de suas características formais;
5) comparar abreviaturas com os processos de derivação de palavras (por prefixação e sufixação), identificando características gerais de formação de palavras do português;
6) retomar os textos dos quais foram extraídas abreviaturas digitais e convencionais após atividade metalinguística e discutir que sentidos podem ser explicitados quando do uso de abreviaturas e quando do uso de grafias convencionais;
7) sistematizar a característica geral do estudo: abreviaturas digitais ocorrem mais frequentemente em práticas orais/faladas informais e abreviaturas convencionais ocorrem mais frequentemente em práticas letradas/escritas formais.

Concluídas as atividades de leitura de textos e produção escrita sobre a temática discutida em sala de aula, o professor-pesquisador pode se valer da produção textual dos alunos para avançar no desenvolvimento de atividades de reflexão sobre a língua portuguesa de modo geral e o internetês de modo particular. O Texto 15 é exemplo de produção escrita que proporciona o desenvolvimento de reflexões, como as propostas no quadro anterior. A menção a abreviaturas, como "vc" ("você") feita pelo aluno, permite ao professor-pesquisador introduzir tanto a discussão sobre o que é internetês (cujas bases teóricas se encontram no capítulo 1), quanto as reflexões sobre características formais de abreviaturas digitais e sua comparação com abreviaturas convencionais, discutidas ao longo dos capítulos 2 a 5.

Feitas essas propostas de trabalho do internetês em sala de aula, elaboramos, a seguir, um quadro síntese de possíveis aspectos a serem trabalhados pelo professor-pesquisador no desenvolvimento de propostas para o 8º ano.

Quadro 23. Síntese de propostas para alunos de 8º ano

Tipologia textual Descrição e injunção
Gêneros textuais Receita, bilhete prescritivo, anúncio publicitário, folheto prescritivo, etc.
Objetivos da proposta 1) levar o aluno a refletir sobre o internetês na prática de leitura e na produção escrita de gêneros prescritivos; 2) refletir sobre as diferentes perspectivas que compõem um texto, considerando-se a intertextualidade como traço da linguagem.
Orientações para produção textual 1) escolha um texto empírico, em circulação na sociedade; 2) promova a leitura do texto escolhido em diferentes suportes e situações de comunicação; 3) crie uma situação em que o aluno possa se envolver, se projetar como participante real e concreto, colocando-se a refletir sobre a temática a ser proposta.
Objetivos das atividades sobre internetês 1) identificar características do internetês, como presença de *emoticons* e abreviaturas, ausência de acentos, dentre outros elementos que venham a ser apontados pelos alunos em sala de aula; 2) identificar características linguísticas das abreviaturas digitais em comparação com abreviaturas convencionais; 3) caracterizar abreviaturas (digitais e convencionais) como resultados de processos por meio dos quais partes da palavra são retiradas (processos não concatenativos); contrastar com processos de formação de palavras que se caracterizam pela aglutinação de afixos (como derivação por sufixação e prefixação); 4) levar os alunos à sistematização de características formais de abreviaturas do português e à identificação de efeitos de sentidos decorrentes dos usos dessas formas abreviadas.

→

→ **Atividades com internetês**
1) apresentar textos extraídos da internet, jornais ou revistas que tenham abreviaturas digitais e textos com abreviaturas convencionais; 2) identificar, para cada palavra abreviada, a grafia convencional, e explicitar, se necessário, regras ortográficas;
3) comparar abreviaturas digitais com abreviaturas convencionais, identificando características comuns e distintas entre elas;
4) identificar tipos de abreviaturas por meio da sistematização de suas características formais;
5) comparar abreviaturas com os processos de derivação de palavras (por prefixação e sufixação), identificando características gerais de formação de palavras do português;
6) retomar os textos do quais foram extraídas abreviaturas digitais e convencionais após atividade metalinguística e discutir que sentidos podem ser explicitados quando do uso de abreviaturas e quando do uso de grafias convencionais;
7) sistematizar característica geral do estudo: abreviaturas digitais ocorrem mais frequentemente em práticas orais/faladas informais e abreviaturas convencionais ocorrem mais frequentemente em práticas letradas/escritas formais.

7.4 Proposta para 9º ano

7.4.1 Roteiro para atividades de leitura e escrita

Para a proposição de roteiro de atividades, tomamos como ponto de partida o quadro, a seguir, de tipologia e gêneros textuais para o 9º ano.

Quadro 24. Tipologia e gêneros textuais para 9º ano

Tipologia Argumentação
Gêneros textuais Letra de música, imagem, artigo jornalístico, artigo de opinião, carta argumentativa, filme, poema, dentre outros.

A tipologia argumentativa é definida como emissão de opinião sobre determinado assunto. É reconhecida pela tentativa de o autor provar ou refutar uma tese, segundo argumentos favoráveis ou contrários que buscam persuadir o interlocutor. De um ponto de vista linguístico, a tipologia argumentativa pode ser trabalhada pelo professor-pesquisador no emprego de marcas dêiticas (pronomes pessoais), pontuação, crase, elementos coesivos (preposição, conectivos), conjunção, em períodos compostos por coordenação e subordinação, no estudo de regência verbal e nominal. De um ponto de vista mais propriamente textual, o professor-pesquisador pode priorizar a produção intertextual/interdiscursiva de gêneros, observando com o aluno aspectos de textualidade, a exemplo de coerência, coesão, intertextualidade, intencionalidade, aceitabilidade, situacionalidade. De nossa perspectiva, esses aspectos colocam em evidência a própria heterogeneidade da linguagem, segundo diferentes perspectivas ou visões de que os textos (e as pessoas que os produzem, leem) são feitos. No 9º ano essa tipologia é trabalhada em gêneros textuais como letra de música, imagem, artigo jornalístico, artigo de opinião, carta argumentativa, filme, poema, dentre outros.

Levando em conta essas diretrizes, apresentamos, a seguir, objetivos e orientações para a elaboração de propostas de produção textual e escrita para alunos dessa turma.

Quadro 25. Orientações para elaboração de proposta para alunos de 9º ano

Objetivos
1) levar o aluno a refletir sobre o internetês na prática de leitura e na produção escrita de gêneros argumentativos; 2) conduzir o aluno à construção de argumentação consistente, mediante relação de informações e de conhecimentos em situações concretas.
Orientações
1) escolha um texto empírico, em circulação na sociedade; 2) promova a leitura dos textos escolhidos em diferentes suportes e situações de comunicação; 3) crie uma situação em que o aluno possa se envolver, se projetar como participante real e concreto, colocando-se a refletir sobre a temática proposta.

Uma sugestão de atividade, adaptada da proposta das professoras Luciani Tenani e Sanderléia Roberta Longhin (2008), é a seguinte:

Quadro 26. Sugestão de proposta para alunos de 9º ano

Uso de um poema de Machado de Assis e de um artigo jornalístico veiculado na revista *Superinteressante*

O tema da "amizade" é caro em qualquer época da vida de uma pessoa, mas parece que na adolescência é, de fato, especial, uma vez que é com o(a) amigo(a) eleito(a) que a pessoa poderá confidenciar angústias e alegrias. Propõe-se, pois, a apresentação de dois gêneros textuais distintos que versam sobre a amizade: o poema "Bons amigos", de Machado de Assis, que exalta as qualidades de uma verdadeira amizade e a boa sorte de quem tem um amigo, e o artigo jornalístico "Como a internet está mudando a amizade" (*Superinteressante*, 2011), que mostra aumento de número de usuários em redes sociais e o potencial das ferramentas na promoção de novas amizades.

Instruções da proposta

No poema, Machado de Assis declama a alegria de se ter um grande amigo. No texto da revista *Superinteressante*, a internet é apresentada como uma ferramenta que ajuda a ter mais amizades.
Assim como o autor do poema, provavelmente, você deve ter um grande amigo(a) com quem gosta de passear, conversar e até estudar juntos(as). Escreva um texto, relatando como surgiu essa amizade, se usa ou não a internet para manter contato com seu(sua) amigo(a), e se houve algum bom momento que vocês viveram juntos(as).

Cabe observar que, alternativamente a essa proposta em que o aluno deve relatar história de amizade, com apresentação de fatos e argumentos que justifiquem o valor desse afeto, o professor-pesquisador pode propor outro gênero textual, levando em consideração o planejamento escolar feito para o 9º ano. Destacamos, nessa proposta, o trabalho com gêneros textuais distintos que devem ser mobilizados pelo aluno na produção textual escrita. Destacamos também que a diferença de "idade" entre cada texto – o poema é do renomado escritor brasileiro, cuja produção está concentrada entre o final do século XIX e o início do século XX; o artigo jornalístico é de revista de divulgação científica do século XXI – pode ser assumida pelo professor-pesquisador como aspecto motivador da reflexão, considerando-se a *intertextualidade* ou o *dialogismo* como traço fundante da concepção de texto, como discutido no capítulo 6. Dessa perspectiva, debater o tema da "amizade" pode ou não ser uma "novidade": se o sentimento é humano, não é "novo", a novidade pode estar em cada nova relação estabelecida com o outro ("novo(a)" amigo(a)) e em suportes materiais que promovem esse sentimento de proximidade mesmo que seja... à distância. Assim, (novas) práticas orais/faladas e letradas/escritas surgem na tentativa de estreitar laços de afeto.

7.4.2 Roteiro para atividades de análise de usos do internetês

Com base nas instruções precedentes, o aluno poderá produzir textos como o que se segue:

TEXTO 16

> De um dia para o outro uma certa pessoa aí apareceu na minha vida do nada e jaí chegou me roubando um espaço no meu coração. Essa pessoa é a Letícia, minha "M.A".
> No ano passado uma garota nova entrou na mesma escola que eu estudo. De prineira impreção eu ja havia adorado ela, porém, nunca tive a oportunidade de conversar com ela. Anos foi se passando e chegou o outro.
> Eu havia me aproximado de uma amiga dela, a Pamela, e ja estava na época de começar as aulas quando finalmente tive a oportunidade de conhece-la.
> Foi tudo muito rapido, cheguei na escola e fui me juntar ao grupo de amigas dessa minha amiga Pamela, e a Letícia fazia parte desse grupo. Logo minhas amiga me apresentando a todos. Me apeguei mais a Letícia, como eu não havia caido na sala de nenhuma delas =(, e a Letícia tambem tinha ficado sozinha.
> O meu melhor amigo tambem era o melhor amigo dela, então fomos achando vairias coisas em comum.
> Comecei a passar todos os recreios com ela, até que um dia, para ser exata ontem, ela veio falar comigo por uma rede social da internet. Ela veio me falar que eu meio que envadi a vida dela, que cheguei roubando um espaço no coração dela, e que havia me tornado a melhor amiga dela. Que agora eu era a pessoa que ela mais confiava.
> E assim a cada dia a nossa amizade cresce cada vez mais, o amor que eu sinto por ela cresce a cada milesimo. Ela é muito especial na minha vida, sem ela não teria sentido.

Fonte: Banco de dados de escrita do Ensino Fundamental II, texto Z11_8C_09F_01.

Apresentamos a seguir transcrição do texto original:

De um dia para outro uma certa pessoa ai apareceu na minha vida do nada e já chegou me roubando um espaço no meu coração. Essa pessoa e a Léticia, minha "M.A".

No ano passado uma garota nova entrou na mesma escola que eu estudo. De primeira impreção eu ja havia adorado ela, porém, nunca tive a oportunidade de conversar com ela. Ano foi se passando e chegou o outro.

Eu havia me aproximado de uma amiga dela, a Pamela, e já estava na época de começar as aulas quando finalmente tive a oportunidade de conhece-lá.

Foi tudo muito rápido, cheguei na escola e fui me juntar ao grupo de amigas dessa minha amiga Pamela, e a Léticia fazia parte desse grupo. Logo minha amiga me apresentando a todas. Me apeguei mais a Leticia, como eu não havia caido na sala de nenhuma delas =(, e a Leticia também tinha ficado sozinha.

O meu melhor amigo também era o melhor amigo dela, então fomos achando várias coisas em comum.

Cómecei a passar todos os recreios com ela, até que um dia, para ser exata ontém, ela veio falar comigo por uma rede social na internet. Ela veio me falar que eu meio que envadi a vida dela, que cheguei roubando um espaço no coração dela, e que havia me tornado a melhor amiga dela. Que agora eu era a pessoa que ela mais confiava.

E assim a cada dia a nossa amizade cresce cada vez mais, o amor que eu sinto por ela cresce a cada milesimo. Ela é muito especial na minha vida, sem ela não teria sentido.

Com base no texto selecionado, o professor-pesquisador pode debater com o aluno o que é o internetês e suas características, visando articular reflexões sobre práticas de leitura e escrita a reflexões sobre língua portuguesa, como proposto neste livro.

Para tornar explícita a relação entre questões teóricas sobre língua/linguagem e reflexões em sala de aula, apresentamos, no quadro que segue, sugestões de organização do trabalho com abreviaturas digitais, um exemplo do potencial trabalho com internetês em sala de aula, a partir da discussão do Texto 16.

Quadro 27. Sugestão de trabalho com internetês para alunos de 9º ano

Objetivos

1) identificar características do internetês, como presença de *emoticons* e abreviaturas, ausência de acentos, dentre outros elementos que venham a ser apontados pelos alunos em sala de aula;
2) identificar características linguísticas das abreviaturas digitais em comparação com abreviaturas convencionais e sistematizar características linguísticas predominantes, identificando tipos de abreviaturas;
3) caracterizar abreviaturas (digitais e convencionais) como resultados de processos por meio dos quais partes da palavra são retiradas (processos não concatenativos) e contrastar com processos de formação de palavras que se caracterizam por aglutinação de afixos (como derivação por sufixação e prefixação);
4) levar os alunos à sistematização de características formais de abreviaturas do português e à identificação de efeitos de sentidos decorrentes dos usos dessas formas abreviadas.

Atividades

1) apresentar textos extraídos da internet, jornais ou revistas que tenham abreviaturas digitais e textos com abreviaturas convencionais;
2) identificar, para cada palavra abreviada, a grafia convencional, e explicitar, se necessário, regras ortográficas;
3) comparar abreviaturas digitais com abreviaturas convencionais, identificando características comuns e distintas entre elas;
4) identificar tipos de abreviaturas por meio da sistematização de suas características formais;
5) comparar abreviaturas com os processos de derivação de palavras (por prefixação e sufixação), identificando características gerais de formação de palavras do português;
6) retomar os textos dos quais foram extraídas abreviaturas digitais e convencionais após atividade metalinguística e discutir que sentidos podem ser explicitados quando do uso de abreviaturas e quando do uso de grafias convencionais;
7) sistematizar a característica geral do estudo: abreviaturas digitais ocorrem mais frequentemente em práticas orais/faladas informais e abreviaturas convencionais ocorrem mais frequentemente em práticas letradas/escritas formais;
8) estabelecer relação entre características das abreviaturas convencionais e as digitais e articular essa relação às reflexões sobre efeitos de sentidos que usos de uma ou outra abreviatura possibilita.

Lembramos que o embasamento para a discussão sobre o que é internetês pode ser feito com a retomada do capítulo 1, de modo mais específico, articulando aos tópicos que podem ser encontrados nos textos dos alunos. Por exemplo: do uso de *emoticons* no texto do aluno (cf. Texto 16), o professor-pesquisador pode propor discussão sobre modos por meio dos quais são explicitados sentimentos humanos (riso, choro) frequentemente associados a situações de encontro presencial face a face. Essa temática pode ainda suscitar o debate sobre a relação entre fala e escrita, como discutido no capítulo 1. Assim, proximidade ou distanciamento entre os interlocutores podem ser detectados pela maneira como linguisticamente são construídas essas relações de diálogo face a face ou via redes sociais, por meio de textos falados e/ou escritos.

As abreviaturas, como a que ocorre no texto selecionado (cf. "M.A." para "melhor amiga"), podem ser objeto de discussão de diversos tópicos sobre formação de palavras, como tratados nos capítulos de 2 a 4 e detalhados no quadro anterior. Lembramos, por exemplo, que é possível levar os alunos à identificação das abreviaturas (digitais e convencionais) como resultados de processos por meio dos quais partes da palavra são retiradas (o que leva a tratar de processos não concatenativos no português), e o contraste desses processos com aqueles que se caracterizam por aglutinação de afixos, como derivação por sufixação e por prefixação, proporciona reflexão sobre regras morfossintáticas do português e desenvolvimento do conhecimento do léxico da língua.

Por fim, lembramos que abreviaturas são aqui tomadas como elemento motivador (e não ponto de chegada) para pensar a língua portuguesa, enquanto objeto de análise, e propomos que as reflexões desencadeadas em sala de aula sobre (usos e características do) internetês também sejam propulsoras de práticas de leitura e escrita nos anos finais do Ensino Fundamental.

Feitas essas propostas de trabalho do internetês em sala de aula, elaboramos, a seguir, um quadro síntese de possíveis aspectos a serem avaliados pelo professor-pesquisador no desenvolvimento de propostas para o 9º ano.

Quadro 28. Síntese de propostas para alunos de 9º ano

Tipologia textual   Argumentação
Gêneros textuais   Letra de música, imagem, artigo jornalístico, artigo de opinião, carta argumentativa, filme, poema, dentre outros.
Objetivos da proposta   1) levar o aluno a refletir sobre o internetês na prática de leitura e na produção escrita de gêneros argumentativos;   2) conduzir o aluno à construção de argumentação consistente, mediante relação de informações e de conhecimentos em situações concretas.
Orientações para produção textual   1) escolha um texto empírico, em circulação na sociedade;   2) promova a leitura dos textos escolhidos em diferentes suportes e situações de comunicação;   2) crie uma situação em que o aluno possa se envolver, se projetar como participante real e concreto, colocando-se a refletir sobre a temática proposta.
Objetivos das atividades sobre internetês   1) identificar características do internetês, como presença de *emoticons* e abreviaturas, ausência de acentos, dentre outros elementos que venham a ser apontados pelos alunos em sala de aula;   2) identificar características linguísticas das abreviaturas digitais em comparação com abreviaturas convencionais e sistematizar características linguísticas predominantes, identificando tipos de abreviaturas;   3) caracterizar abreviaturas (digitais e convencionais) como resultados de processos por meio dos quais partes da palavra são retiradas (processos não concatenativos) e contrastar com processos de formação de palavras que se caracterizam por aglutinação de afixos (como derivação por sufixação e prefixação);   4) levar os alunos à sistematização de características formais de abreviaturas do português e à identificação de efeitos de sentidos decorrentes dos usos dessas formas abreviadas.
Atividades com internetês   1) apresentar textos extraídos da internet, jornais ou revistas que tenham abreviaturas digitais e textos com abreviaturas convencionais;   2) identificar, para cada palavra abreviada, a grafia convencional, e explicitar, se necessário, regras ortográficas;   3) comparar abreviaturas digitais com abreviaturas convencionais, identificando características comuns e distintas entre elas;

→ 4) identificar tipos de abreviaturas por meio da sistematização de suas características formais;

5) comparar abreviaturas com os processos de derivação de palavras (por prefixação e sufixação), identificando características gerais de formação de palavras do português;

6) retomar os textos dos quais foram extraídas abreviaturas digitais e convencionais após atividade metalinguística e discutir que sentidos podem ser explicitados quando do uso de abreviaturas e quando do uso de grafias convencionais;

7) sistematizar característica geral do estudo: abreviaturas digitais ocorrem mais frequentemente em práticas orais/faladas informais e abreviaturas convencionais ocorrem mais frequentemente em práticas letradas/escritas formais;

8) estabelecer relação entre as características das abreviaturas convencionais e as digitais e articular essa relação às reflexões sobre efeitos de sentidos que usos de uma ou outra abreviatura possibilitam.

CONSIDERAÇÕES FINAIS

Trabalhar com *internetês* na escola como prática letrada/escrita na internet é a proposta, desenvolvida em seis capítulos, deste livro. Como anunciado na Introdução, o estudo do internetês se justifica por propiciar a investigação de transformações linguísticas do/no texto, desencadeadas com o uso de novas tecnologias de informação e comunicação.

Para o estudo do internetês em sala de aula, o professor-pesquisador encontra explicitados conceitos-chave sobre *escrita como modo de enunciação e relação entre fala e escrita*, numa visão crítica ao conceito de escrita como modalidade da língua e à percepção corrente de que o internetês seria escrita "fonetizada", "interferência" da fala na escrita. Portanto, a consideração de textos cujas características sejam as típicas daquelas atribuídas ao internetês está articulada, segundo esta proposta, ao estudo de noções fundamentais das aulas de língua portuguesa. Defendemos, assim, que o estudo do internetês é, sim, adequado à escola; mais do que isso, é necessário, imprescindível, tendo se tornado tarefa (e desafio) para o professor no século XXI.

Na caracterização do internetês, o destaque foi dado para as *abreviaturas*, tendo sido discutidas semelhanças e diferenças entre abreviaturas convencionais e digitais. As abreviaturas têm como característica linguística básica serem resultado de um processo de redução da grafia da palavra matriz, com objetivo explícito de reduzir espaço ocupado pela palavra e tempo usado para seu registro. A partir dessa caracterização, foram feitas relações entre abreviação e processos de derivação regressiva, truncamento, siglagem e hipocorização. Esses são processos não concatenativos de formação de palavras em português, isto é, processos que são definidos não por haver adjunção de afixos a bases, mas por terem seu funcionamento definido pelo *princípio da redução de partes da palavra matriz.*

Por meio do estudo das abreviaturas, exemplificamos como o internetês na escola pode ser trabalhado com olhar investigativo, o qual permite a professor e aluno fazer descobertas de mundos sob as palavras, na investigação da relação criteriosa e sagaz das relações entre linguagem e vida social. Descobrir os modos pelos quais a língua e a linguagem se realizam é, pois, objeto complexo de investigação em sala de aula.

Também são exploradas características das abreviaturas digitais a partir da proposta de o professor e o aluno adotarem postura investigativa nas aulas de língua portuguesa e, assim, refletirem sobre em que medida as típicas abreviaturas digitais, que circulam em textos dentro e fora da internet, se constituem exemplo de como transitar por práticas letradas/escritas proporciona a quem lê e escreve mergulhar em possibilidades da língua no processo de produção dos sentidos. Propostas de como esses conceitos sobre abreviaturas podem ser trabalhados em sala de aula são dadas a partir da consideração de diferentes gêneros do discurso, de campanhas e anúncios publicitários a textos de divulgação científica e as próprias produções textuais escritas em ambiente escolar.

Os conceitos discutidos neste livro embasam propostas de estudar produções textuais escritas não restritas ao contexto digital. Por meio de atividades sugeridas de leitura e escrita e atividades de análise de usos do internetês, as propostas têm o objetivo teórico e prático de levar professor-pesquisador e aluno a mobilizarem conceitos da língua e, juntos, descobrirem que o "texto escrito" é resultante do caráter interlocutivo constitutivo da atividade de linguagem. Das atividades fundamentadas em textos escritos em internetês, destacamos as que conduzem a práticas de leitura crítica no que se refere a textos verbais e verbo-visuais produzidos em sociedade.

Desejamos que este livro proporcione aos leitores reflexões sobre (suas) práticas de leitura e escrita desenvolvidas pelo contato e/ou inserção no mundo digital. Fica o desafio de refletir, constantemente, sobre como a língua funciona e como é usada nas diferentes relações estabelecidas com as pessoas na sociedade. Fica, então, nossa proposta de conceber a língua e a linguagem como modo de interagir e de existir, de maneira complexa, no mundo.

REFERÊNCIAS

ALVES, I. M. *Neologismo*. São Paulo: Ática, 1990.

BASÍLIO, M. *Teoria lexical*. 4. ed. São Paulo: Ática, 1995.

BARZOTTO, V. H. Nem respeitar, nem valorizar, nem adequar as variedades linguísticas. *Ecos*, Cáceres (MT), v. 2, p. 93-96, 2004.

BELCHOR, A. P. Análise estrutural do truncamento com os instrumentos da teoria da correspondência. In: GONÇALVES, C. A.; SILVA, H. T.; ANDRADE, K. E.; RODRIGUES, M. C.; RONDININI, R. B. *Otimalidade em foco*: morfologia e fonologia do português. 1. ed. Rio de Janeiro: Publit, 2009. p. 153-172.

BRAIT, B. PCNs, gêneros e ensino de língua: faces discursivas da textualidade. In: ROJO, R. (Org.). *A prática de linguagem em sala de aula*: praticando os PCNs. Campinas: Mercado de Letras, 2000. p. 15-25.

BRASIL. Secretaria de Educação Fundamental. *Parâmetros curriculares nacionais*: primeiro e segundo ciclos do ensino fundamental: língua portuguesa/Secretaria de Educação Fundamental. Brasília: MEC/SEF, 1997.

BRASIL. Secretaria de Educação Fundamental. *Parâmetros curriculares nacionais*: terceiro e quarto ciclos do ensino fundamental: língua portuguesa/Secretaria de Educação Fundamental. Brasília: MEC/SEF, 1998.

CAGLIARI, L. C. *A história do alfabeto*. São Paulo: Paulistana, 2009.

COLLISCHONN, G. A sílaba em português. In: BISOL, L. (Org.). *Introdução a estudos de fonologia do português brasileiro*. 4. ed. Porto Alegre: EDIPUCRS, 2005. p. 101-129.

CORRÊA, M. L. G. Heterogeneidade da escrita: a novidade da adequação e a experiência do acontecimento. *Filologia e Linguística Portuguesa*, v. 8, p. 269-286, 2007a.

_____. Pressupostos teóricos para o ensino da escrita: entre a adequação e o acontecimento. *Filologia e Linguística Portuguesa*, v. 9, p. 201-211, 2007b.

_____. *O modo heterogêneo de constituição da escrita*. São Paulo: Martins Fontes, 2004.

_____. A visão saussuriana: linguagem, língua e fala. In: _____. *Linguagem & comunicação social*: visões da linguística moderna. São Paulo: Parábola Editorial, 2002. p. 21-30.

DUBOIS, J.; GIACOMO, M.; GUESPIAN, L.; MARCELLESI, C.; MARCELLESI, J-B.; MÉVEL, J-P. *Dicionário de linguística*. Trad. BLIKSTEIN, I. (Coord.); BARROS, F. P. de; FERRETTI, G.; SCHMITZ, J.; CABRAL, L.; SALUN, M. E.; KEHDI, V. São Paulo: Cultrix, 1978.

FARACO, C. A. *Norma culta brasileira*: desatando alguns nós. São Paulo: Parábola Editorial, 2008.

FUSCA, C. *VC TC D OND?: a abreviação (de distâncias) na internet*. 106 f. Dissertação (Mestrado em estudos linguísticos). Instituto de Biociências, Letras e Ciências Exatas, Universidade Estadual Paulista, São José do Rio Preto, 2011.

FUSCA, C.; KOMESU, F.; TENANI, L. Abreviar (distâncias) na internet, conectar-se ao mundo (na linguagem). *Calidoscópio*, v. 9, p. 216-225, 2011. Disponível em: <www.unisinos.br/_diversos/revistas/ojs/index.php/calidoscopio/article/view/1344>. Acesso em: 10 abr. 2013.

GONÇALVES, C. A. Processos morfológicos não concatenativos: formato prosódico e latitude funcional. *Alfa – Revista de Linguística*, 48, v. 1, n. 9, p. 9-28, 2004.

GONÇALVES, C. A.; SILVA, H. T.; ANDRADE, K. E.; RODRIGUES, M. C.; RONDININI, R. B. *Otimalidade em foco*: morfologia e fonologia do português. 1. ed. Rio de Janeiro: Publit, 2009.

KEHDI, V. *Formação de palavras em português*. São Paulo: Ática, 1992.

KOMESU, F.; TENANI, L. Considerações sobre o conceito de internetês nos estudos da linguagem. *Linguagem em (Dis)curso*, v. 9, p. 621-643, 2009. Disponível em: <http://www.portaldeperiodicos.unisul.br/index.php/Linguagem_Discurso/article/view/432>. Acesso em: 10 abr. 2013.

_____. Práticas de letramento/escrita em contexto da tecnologia digital. *Eutomia*, v. 1, p. 1-15, 2010. Disponível em: <http://www.revistaeutomia.com.br/volumes/Ano3-Volume1/especial-destaques/destaques--linguistica/destaque_pratica_letramento.pdf>. Acesso em: 10 dez. 2013.

LIMA, B. C.; SILVA, H. T.; GONÇALVES, C. A. A hipocorização no português do Brasil: análise por padrões gerais de formação. In: GONÇALVES, C. A.; SILVA, H. T.; ANDRADE, K. E.; RODRIGUES, M. C.; RONDININI, R. B. *Otimalidade em foco*: morfologia e fonologia do português. 1. ed. Rio de Janeiro: Publit, 2009. p. 115-152.

MARCUSCHI, L. A. Oralidade e letramento. In: _____. *Da fala para a escrita*: atividades de retextualização. 5. ed. São Paulo: Cortez, 2004. p. 15-43.

MONTEIRO, J. L. *Morfologia portuguesa*. Campinas: Pontes, 1987.

PROPOSTA CURRICULAR DO ESTADO DE SÃO PAULO: Língua portuguesa. Coord. Maria Inês Fini. São Paulo: Secretaria Estadual de Educação, 2008. Disponível em: <www.rededosaber.sp.gov.br/portais/Portals/18/arquivos/Prop_LP_COMP_red_md_20_03.pdf>. Acesso em: 10 maio 2014.

ROCHA, L. C. *Estruturas morfológicas do português*. 1ª reimp. Belo Horizonte: Editora da UFMG, 1999.

ROJO, R. O letramento escolar e os textos de divulgação científica – a apropriação de gêneros de discurso na escola. *Linguagem em (Dis)curso*, v. 8, n. 3, p. 581-612, set./dez. 2008.

SÂNDALO, M. F. Morfologia. In: MUSSALIN, F.; BENTES, A. C. (Ed.). *Introdução à linguística*. São Paulo: Cortez, 2001. p. 181-206.

SANDMANN, A. J. *Formação de palavras no português brasileiro contemporâneo*. Curitiba: Scientia et Labor; Ícone, 1988.

SILVA, C. A. M. *Língua@chat.pt* – a escrita telemática síncrona como elemento revelador de conhecimentos linguísticos intuitivos dos falantes. 2006. 147f. Dissertação (Mestrado em linguística). Universidade do Porto, Porto, 2006. Disponível em: <repositorio-aberto.up.pt/bitstream/10216/14506/2/tesemestlinguachato00069333.pdf>. Acesso em: 13 maio 2013.

LUIZ SOBRINHO, V. V. *Pontuação na internet*: usos não convencionais de vírgulas em bate-papos virtuais. São Paulo: Editora Unesp, 2012.

SOUZA SILVA, F. *Uma abordagem diacrônico-comparativa da abreviação em diferentes gêneros, suportes e tecnologias*. 2006. 253f. Tese (Doutorado em linguística) – Centro de Artes e Comunicação, Universidade Federal de Pernambuco, Recife, 2006. Disponível em: <www.pgletras.com.br/2006/teses/tese-fabiana-souza.pdf>. Acesso em: 13 maio 2013.

TENANI, L. E.; LONGHIN THOMAZI, S. R. Oficinas de leitura, interpretação e produção textual no ensino fundamental. *Revista em Extensão* (Online), v. 13, p. 20-34, 2014. Disponível em: <www.seer.ufu.br/index.php/revextensao/article/viewFile/27049/14678>. Acesso em: 3 abr. 2014.

COLEÇÃO TRABALHANDO COM ...
NA ESCOLA

A Coleção *Trabalhando com... na escola* tem como principal objetivo fornecer um material diversificado, atualizado e inovador para os professores do Ensino Fundamental e Médio.

Iniciando-se com objetos de ensino de Língua Portuguesa, cada volume da coleção tem o objetivo de trabalhar com **temas, práticas e/ou objetos de ensino**, oferecendo sugestões metodológicas sobre como trabalhar com eles em sala de aula. As sugestões metodológicas devem ser suficientemente exemplificadoras para que o professor tenha acesso a uma proposta de trabalho que não se restrinja a apenas uma série e para que seja possível mostrar a complexidade inerente de cada tema/prática/objeto de ensino selecionado.

As **sugestões metodológicas** produzidas em cada volume constituem o "coração" da coleção, mas seus volumes também apresentam teorias e/ou conceitos de forma econômica e clara, com o objetivo de ilustrar como o trabalho prático na sala de aula não prescinde de conhecimento téorico e como o conhecimento teórico pode (e deve) iluminar e fomentar práticas didáticas concretas e cotidianas relativas às reflexões sobre a linguagem.

Outra característica da coleção é o pressuposto, que deve guiar todos os volumes, de que **o trabalho de construção do co-**

nhecimento sobre determinado tema/prática/objeto de ensino não pode prescindir de um trabalho com/sobre a linguagem. Nesse sentido, um ponto fundamental da coleção é a centralidade do trabalho com/sobre a linguagem no processo de formação de professores de todas as áreas.

O público-alvo dessa coleção são principalmente pedagogos, professores de língua portuguesa e de literatura, mas também todos os educadores e professores de outras áreas que reconhecem a importância de materiais que relacionem teoria e prática de modo significativo e que necessitem desenvolver nos alunos variadas competências e habilidades nos diferentes tempos e espaços de seu percurso de letramento nos diferentes níveis de ensino. Assim, pressupõe-se que os educadores de todas as áreas encontrem nos volumes da coleção:

a) Uma compreensão mais prática dos pressupostos teóricos presentes nos documentos oficiais que resultam das políticas públicas de ensino elaboradas pelo MEC e pelas Secretarias de Educação, nos níveis estadual e municipal;

b) Propostas e sugestões metodológicas elaboradas por especialistas em determinados temas e/ou objetos de estudo.

Acreditamos que a Coleção *Trabalhando com... na escola* está desenhada de forma a contribuir concretamente tanto para a contínua formação dos professores como para o estabelecimento de um diálogo mais próximo entre os saberes dos professores das universidades e os saberes dos professores de Ensino Fundamental e Médio das escolas brasileiras.

Anna Christina Bentes
Coordenadora da Coleção *Trabalhando com ... na escola*